A Cruz de Cristo e a nossa

Conheça nossos clubes

Conheça nosso site

- @editoraquadrante
- @editoraquadrante
- @quadranteeditora
- Quadrante

Título original
La Croix du Christ et celle du chrétien

Copyright © 2014 Les Éditions du Cerf, Paris

Capa
Provazi Design

Dados Internacionais de Catalogação na Publicação (CIP)

Pie, Régamey
A Cruz de Cristo e a nossa / Pie Régamey – 2ª ed. –
São Paulo: Quadrante Editora, 2023.

ISBN: 978-85-7465-491-1

1. Dor - Aspectos religiosos - Cristianismo 2. Sofrimento - Aspectos religiosos - Cristianismo 3. Sofrimento - Ensino bíblico 4. Sofrimento na Bíblia I. Título

CDD–242.4

Índices para catálogo sistemático:
1. Sofrimento : Meditações : Cristianismo 242.4

Todos os direitos reservados a
QUADRANTE EDITORA
Rua Bernardo da Veiga, 47 - Tel.: 3873-2270
CEP 01252-020 - São Paulo - SP
www.quadrante.com.br / atendimento@quadrante.com.br

Pie Régamey

A Cruz de Cristo e a nossa
A dor serena

2ª edição

Prefácio de
Mons. Dr. Xavier de Ayala

Tradução de
Fernanda Falcão

Adaptação de
Emérico da Gama

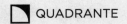

Sumário

Prefácio	7
Do sofrimento à Cruz	17
A Cruz de Cristo	33
As dimensões da Cruz	49
A cruz do cristão	75
A fé e os sacramentos da fé	101
O silêncio de Deus	131
Resignação	151
Será ainda possível a alegria?	161
Notas	181

Prefácio

Vale a pena aproveitar a oportunidade oferecida por este belo livro de Régamey para tecer umas breves considerações sobre a dor e sobre o lugar que ocupa na vida do cristão. Quanto mais não seja, a título de reflexão acerca de algumas tendências espirituais do nosso tempo.

O tema é de sempre, porque sempre encontramos sofrimento e dor neste mundo decaído. É uma espécie de tremenda limitação que a criatura experimenta, um poder estranho e opressivo que espreita a menor ocasião para se apossar do homem e subjugá-lo. Umas vezes, diríamos que se trata de algo puramente exterior ao indivíduo. Outras, julgamos reconhecer no sofrimento um pouco de nós mesmos: um eco ou uma raiz que se oculta na secreta intimidade das profundezas do ser.

Estes pontos de vista condicionam frequentemente a atitude do homem perante a dor. E como a visão puramente humana não os consegue conciliar e menos ainda ultrapassar, tanto na fuga instintiva como na luta contra o sofrimento, paira sempre uma sombra de desesperança, um certo sentimento de impotência — coletiva e pessoal — que se esforça por ganhar uma batalha que sabe de antemão perdida.

Há no sofrimento mistérios e problemas que a razão não consegue decifrar. E devemos começar talvez pelo mais evidente em inúmeras especulações contemporâneas: o do seu intrínseco personalismo. A dor é a minha dor e não de outrem, seja qual for a minha identificação com ela.

O sofrimento tem algo de profundamente intransferível, um aspecto de irredutível incomunicabilidade que o converte num dos problemas mais críticos da existência pessoal. A dor pode ser respeitada, a dor pode ser compreendida, mas em rigor não pode ser sentida do mesmo modo. É privativa de cada homem, patrimônio da radical intimidade do homem. Aí reside a sua força e ao mesmo tempo a sua extrema debilidade. Tudo depende do sentido que ela revestir na vida do homem. Potenciará o esforço humano com a pujança heroica e sagrada do sacrifício, ou reduzirá a existência a uma solidão que se desmorona.

Todos os homens aceitam a realidade do sofrimento. Onde podem divergir — e enganar-se —, é na sua interpretação. Normalmente, pensa-se hoje em dia que o sofrimento é um mal de que não estamos isentos, depressivo, que importa afastar do mundo e da vida. É o que se propõe o progresso da humanidade no campo da ciência e da técnica. É o que pretende o refinamento cultural e ético do homem e da sociedade. Aninha-se no espírito humano a oculta convicção de que, dessa forma, algum dia se há de conseguir a vitória definitiva sobre a dor.

Bem sabemos que nesse modo de encarar o problema somente se patenteia mais uma manifestação do anelo de felicidade que se esconde no coração humano. É, no fundo, a permanente transposição do mito da idade de ouro. E também sabemos como são efêmeros os projetos de "paz perpétua".

Ante a realidade da dor, os homens fecham-se. Mais ainda: procuram persegui-la, destruir a sua sombra

Prefácio

como um mal, não somente nas suas formas concretas, mas enquanto categoria que não pode — não deve — alcançar a menor intervenção na vida humana.

Há nesta atitude tanto de esforço ativo e valioso como de miragem trágica. É certo que a dor pode ser modificada: já vai sendo possível padecer e mesmo morrer sem dor. Mas trata-se apenas de uma mudança de orientação, de uma forma diferente de presença. Desaparece por um lado e aparece por outro. Basta pensar na dor da alma, no sofrimento psíquico que se revela na complexidade problemática do homem do nosso tempo.

Há outros que se entregam ao pleno subjetivismo da dor. No século XIX, falava-se de pessimismo filosófico. Hoje, são a angústia e o desespero que alcançam a categoria de concepção do mundo e da vida. Em última análise, uma atitude análoga àquela outra de infinita tristeza que descobrimos no pensamento greco-romano, em todas as civilizações poderosas que não chegaram a ser banhadas pela redenção.

Prescindindo de outras motivações de índole diversa, nesse modo de pensar e de viver encontramos uma atitude simultaneamente profunda e primária em face da dor. O sofrimento *no* homem passa a ser sofrimento *do* homem, no seu máximo alcance, algo de consubstancial à sua individualidade e existência concretas. Por isso a dor passa a ser *fatum* ineludível, a que o homem e a humanidade se rendem sem o menor assomo de reação.

Deste modo, o elemento catastrófico irrompe novamente na consciência coletiva, e o homem acreditará que na sua "tragédia" pessoal se encontram a razão de ser e o sentido da sua existência. O homem faz-se assim protagonista e espectador. E fará espetáculo da sua própria intimidade, vendo no lado negativo da vida, no sofrimento e na privação, um destino através do qual se realiza, alguma coisa que há de abraçar com todas as suas forças e que merece uma total e lídima entrega, ainda que por ela chegue ao aniquilamento.

Em resumo, existe uma fuga à dor, pela qual o homem confia poder afastá-la considerando-a como um elemento inteiramente externo, um acidente incômodo e desagradável; e existe uma rendição incondicional ao sofrimento, quando o homem pensa que a sua dor é o seu ser e a sua limitação solitária, o seu destino.

São talvez essas as posições extremas em que se debate o homem não cristão do nosso tempo. E é fácil reconhecer em qualquer delas o enorme fundo de primitivismo e de paganismo que lateja na mentalidade contemporânea.

Não são, no entanto, atitudes absolutamente coerentes. Na primeira, o homem espera, tem esperança, mas, no fundo da sua alma, desconfia. Na segunda, o homem desespera, mas por vezes pressente que na cerrada lógica da sua posição há fissuras por onde a alma quereria passar.

É que em ambos os casos o homem limitou-se a verificar os fatos, a proceder de acordo com eles. Parte da existência da dor e do sofrimento para ampliar ou restringir a sua função na vida, fugir-lhe ou entregar-se a ela. Mas cala o seu sentido, quando precisamente o sentido e o fim da dor constituem o ponto de partida para a única atitude coerente do homem.

Um cristianismo superficial resume-se a dar um verniz espiritualista aos fatos. Não os penetra, não os transcende e, por isso, é incapaz de acertar com o seu mistério e o seu sentido.

É o que acontece no caso do sofrimento, não somente enquanto problema pessoal e coletivo, mas enquanto elemento harmônico da concepção cristã da vida. Não é raro encontrar cristãos que, ao terem de enfrentar o sofrimento, se limitam a tentar uma fuga espavorida, pensando que o bom Deus não pode querer o nosso mal, ou se deixam dominar por uma resignação enfermiça a que chamam — falsamente — abandono na Providência. Atitudes notoriamente simplistas que, no entanto, de tal modo correspondem a motivos arraigados na natureza humana que frequentemente os vemos aflorar nas formulações ideológicas mais profundas. A chamada "teologia da encarnação" e, no extremo oposto, o que poderíamos denominar a "teologia do fracasso", o abandono a uma concepção exclusivamente escatológica da vida cristã, constituem os temas dominantes de inúmeros escritores dos nossos dias.

Ante as acusações tantas vezes formuladas contra o cristianismo, rotulando-o de religião deprimente, demolidora dos valores da vida e limitada a conceitos negativos, tais como a dor, a expiação, a cruz, alguns sentiram a necessidade de arquitetar um quadro de valores positivos, extraído do dogma católico e acessível aos não crentes. Não é difícil ver nessa tendência da "teologia da encarnação" um cristianismo sem cruz, uma visão naturalista da ideia religiosa. A encarnação do Verbo, essa prodigiosa elevação da natureza humana, foi o ponto de partida. Desgraçadamente, para eles teria sido também o ponto de chegada.

A essa luz, o homem, todos os valores humanos e terrenos, apareceriam revestidos de uma auréola sobrenatural. Seriam valores em si mesmos, tal como se apresentam. A vida cristã, fazendo caso omisso de uma estética atrasada e lúgubre, consistiria antes de mais nada numa afirmação de todos os valores e princípios, radicalmente transformados pela encarnação do Verbo.

Nesta ordem de ideias, o sofrimento já não teria lugar. Pelo menos como um valor positivo da vida.

Mas a cruz será sempre escândalo ou estultícia para o não cristão ou para o homem de pouca fé, e qualquer afirmação do homem ou da vida que passe por ela será incompreensível para os que não tiverem a luz de Deus. E, se não passa, não será cristã, porque terá esvaziado a Cruz do próprio Cristo.

A chamada "teologia da encarnação" debate-se nessa alternativa, sem chegar a compreender claramente o sentido positivo da dor nem a dar uma verdadeira solução ao problema do sofrimento e da morte no âmbito da vida cristã.

Hoje em dia, parece encontrar também muito eco em determinados espíritos uma espécie de "teologia do fracasso". Por identificar-se aparentemente com um dos temas centrais da ascética e do dogma, nem sempre se torna fácil destrinçar o sutil desvio que nela se esconde. Mas é de extrema oportunidade pesquisar as suas origens.

É um princípio basilar da vida espiritual o de que o homem deve negar-se a si mesmo, tomar a sua cruz e seguir Cristo. Por isso, a dor que realmente serve para

Prefácio

seguir as pisadas do Senhor tem um sentido e ocupa um lugar necessário na vida cristã, quer seja involuntária ou procurada. Mas quando não realiza essa finalidade, por não estar de acordo com o plano de Deus ou por não ser encarada à luz da fé, a dor é deprimente e destrói a personalidade.

Por outras palavras, se na vida do homem caído e redimido a dor ocupa um lugar necessário, não desempenha no entanto um papel exclusivo nem mesmo o mais importante na vida cristã. Como também não se pode sustentar que a forma do sofrimento deve ser sempre a mesma. No seu caráter fáctico, o sofrimento é uma consequência da natureza decaída, e, no seu sentido concreto, um meio e não um fim. Se se exagera qualquer destes aspectos, vemo-nos imediatamente a braços com um desvio.

No caso presente, poderíamos exprimir graficamente o erro apontado recordando que para sermos santos não precisamos, por exemplo, de estar sempre doentes, e que não temos nenhuma obrigação de fracassar na vida para nos dizermos cristãos. O que se passa é que as incomodidades e os sofrimentos dos santos, pela projeção sobrenatural e histórica das suas figuras, nos são mais familiares que os dos seus contemporâneos, embora em alguns casos determinados e sempre fora do comum, a doença tenha sido o meio específico escolhido por Deus para santificar alguns homens. Numa linha análoga, certas correntes de espiritualidade não aplicáveis inteiramente a pessoas que vivem no meio do mundo e com uma missão secular que cumprir, podem criar equívocos desorientadores quando são mal-entendidas.

A verdade é que Cristo não esteve sempre na Cruz, mas tão somente no momento decisivo da sua vida, muito embora não lhe faltassem as pequenas — ou grandes — cruzes de cada dia. E também não nos disse que tomássemos a sua Cruz, mas a nossa, o que em muitos aspectos é extremamente diferente.

Embora o cristão deva seguir as pisadas de Jesus Cristo, não pode abandonar ao olvido o profundo significado da advertência do Senhor a Pedro: "Para onde eu vou, de maneira nenhuma me podes seguir. Seguir-me-ás mais adiante" (Jo, 13, 36). A redenção da humanidade pela dor é obra exclusiva de Cristo, assim como as coordenadas da sua vida terrena obedecem ao plano traçado para Ele pelo Pai. Por isso a identificação do cristão com Cristo só é possível e verdadeira dentro da particular vocação que cada qual recebeu.

É preciso recordar constantemente à humanidade que "sem efusão de sangue não há redenção" (Hb 9, 22). Mas jamais se pode esquecer que o sangue, a dor não são purificadores em si, mas apenas na medida em que Deus lhes concede um poder de redenção e de fecundidade. Em certo sentido, poderia dizer-se que a criatura só tem uma determinada capacidade útil para a dor, correspondente ao plano de Deus acerca dela. Somente essa capacidade, realizada pelo amor, é verdadeiramente santificadora, somente essa medida "completa o que falta à paixão de Cristo" no seu corpo que é a Igreja (Col 1, 24). E não são outras as exigências de uma espiritualidade sã.

Na mesma ordem de ideias, não podemos esquecer que o Pai faz chover sobre bons e maus, que no reino de Deus neste mundo crescem juntos o trigo e o joio. Essa a razão pela qual nunca se pode afirmar — salvo em casos excepcionais, que exigem uma vocação especial — que a vida cristã é unicamente cruz e dor, nem que o ideal sobrenatural do homem encerra, à semelhança do Mestre, a necessidade intrínseca de um fracasso terreno: individual e coletivo.

Na vida do homem, há sofrimento e alegria. Talvez mais alegria do que sofrimento, porque, com visão sobrenatural, há uma alegria na dor. E no mesmo sentido há êxito e fracasso, componentes normais deste mundo que o Senhor deixou à disputa dos homens — também dos cristãos — e no qual se deve realizar e dilatar o reino de Deus.

Eis por que uma espiritualidade cuja preocupação dominante seja a procura da dor deve ser examinada com prudência. E uma "teologia do fracasso", que de antemão proponha ao homem a sua derrota humana como único caminho de redenção, esconde nas suas raízes um orgulho mórbido e um convite à inação ante os problemas deste mundo e do reino de Deus.

Ao observar, no variado panorama do nosso tempo, certos pessimismos religiosos, certas atitudes pretensamente espirituais de abandono deste mundo, não é difícil encontrar nelas a defeituosa concepção da vida cristã — do cristianismo — que acima se assinalou.

Talvez tenham nascido como consequência das catástrofes bélicas e políticas do mundo nos últimos decênios. Ou como resultado de uma espécie de inconfessado sentimento de inferioridade que não raramente se observa nos católicos de alguns países. Talvez se trate, como em tantos outros casos, de uma concessão ao favor desfrutado por certa filosofia sem esperança.

Seja como for, a verdade é que com demasiada frequência se apresenta o cristianismo com um caráter essencialmente trágico e ultraterreno, e se atribui ao mistério da Cruz um significado sombrio e pessimista que se oferece à inquieta imaginação e exaltada sensibilidade do homem doloroso do nosso tempo.

Tudo isso é ir demasiado longe, demasiado baixo talvez.

Para quem sente com o espírito de Jesus Cristo, a cruz é alegre porque é redentora, e porque, para ele, é caminho não de morte, mas de vida. Não apenas de uma vida ultraterrena, no mais além, mas desta vida presente, na qual o homem tem as suas ocupações diárias e a sua tarefa, onde se forja a futura. E é precisamente no sereno otimismo com que o cristão encara a dor quando ela se apresenta — ou quando a procura, mas sem retorcer a sua alma — que se encontra o ponto de apoio que dá segurança à sua vida terrena e sabor sobrenatural às coisas deste mundo.

Aqui ficam estas simples considerações como sugestão para o leitor. O livro que agora tem entre mãos permitir-lhe-á penetrar nelas. E assim talvez chegue a compreender melhor que não há vida sem cruz, mas que no "mistério da Cruz" há, através da dor, uma alegria vitoriosa.

F. Xavier de Ayala
(1922-1994)

Do sofrimento à Cruz

O escândalo da dor

Os cristãos que afirmam a excelência da dor fazem-no muitas vezes com indesculpável leviandade.

Que contemplem Cristo! Durante toda a sua vida, a ideia da paixão e morte fá-lo estremecer[1], e, quando se aproxima a *hora* para a qual veio ao mundo, sente uma tal revolta em todo o seu ser que sua sangue[2]. Assim, Jesus salva o mundo pela dor apenas depois de ter manifestado por ela um horror que jamais desesperado algum há de igualar. Da mesma maneira, o cristão só tem o direito de falar do seu papel redentor, por ação da graça, depois de ter reconhecido que, em si, ela é um escândalo.

Reconhecido? O termo é pouco enérgico. Parece indicar uma concessão. Temos de compreender que, para Cristo — e por conseguinte para o cristão —, a dor é, por natureza, mais escandalosa ainda do que para o infeliz que não tem esperança. Este é animado, como todos nós, pelo instinto incoercível que forma, por assim dizer, um todo conosco próprios: o instinto que exige a felicidade. Mas submete-se a esse instinto da mesma maneira que se submete à contradição do sofrimento: mantém-se no jogo dos fenômenos. Ao passo que a exigência cristã de felicidade tem um caráter absoluto.

A alma imortal é feita para a beatitude. Quanto mais se eleva, mais repugnância sente pela morte e por essa participação na morte que é o sofrimento. O seu horror aumenta na medida em que vê nessas penas a marca do pecado. Desse modo, o caráter anormal da dor, no qual vamos insistir, aparece ao cristão numa dupla oposição com a ordem divina, que é ordem da alegria e ordem da santidade ou do amor. Oposição que sem Cristo seria irredutível, e que Cristo só resolveu levando-a ao extremo, na tremenda repugnância da sua vida pela morte, da repugnância da eterna Sabedoria pela desordem, da repugnância do Amor infinito e da Santidade absoluta pelo pecado — pelo pecado que é uma ofensa ao amor e a profanação da criatura.

Quem não experimentou a dor não tem o direito de celebrar os seus benefícios. Quem não a compreendeu, quem não viveu o paradoxo que encerra, a única obra de caridade que pode fazer pelos que sofrem é calar-se. Aliás, é ainda em silêncio que deve meditar o que lhes pode dizer com conhecimento de causa. Deve começar por comprovar nele mesmo o sentido da dor, o sentido do seu escândalo, antes de ousar elevar os corações magoados a uma verdade que só lhes pode apresentar a medo, com infinitas precauções, tão estranha ela é: essa mesma dor chamada a transformar-se num tesouro que encerra em si todos os bens!

Não devemos ter pressa em repetir as palavras de São Paulo: *Eu tenho por certo que os sofrimentos do tempo presente não têm proporção com a glória vindoura, que se manifestará em nós*[3]. É preciso começar por compreender o peso desta alusão do Apóstolo aos "sofrimentos do tempo presente".

São Paulo foi "oprimido de todas as maneiras..., na miséria..., perseguido, abatido..., levando sempre no seu corpo a mortificação de Jesus"[4]. Recebeu cinco vezes dos judeus as terríveis quarenta chicotadas menos uma; foi açoitado três vezes e lapidado uma vez; naufragou três vezes. Correu todos os perigos. E ainda suportava, na sua fraqueza, o peso da solicitude por todas as Igrejas[5].

Quando tivermos compreendido, metidos no coração despedaçado de Jesus, o que podem ser esses "sofrimentos do tempo presente", então, só então, poderemos anunciar que nada são em comparação com a glória eterna. Mas anunciá-lo-emos como algo verdadeiramente espantoso. Nada se poderia dizer de mais convincente para fazer apreciar a felicidade do céu.

O que o sofrimento tem de incrivelmente odioso, quer seja físico ou moral, é o seu poder de *absorção*[6]. O sofrimento monopoliza, quer tudo para si. É semelhante aos turbilhões dos rios nas grandes cheias, que tudo engolem à sua passagem. As grandes provações morais ou os graves golpes na nossa integridade física podem ir até à perda da razão, da consciência e mesmo da vida. É por isso que, instintivamente, as nossas palavras de consolação procuram chamar a atenção para as partes não atingidas do ser que sofre — "vês, meu velho, ainda podes fazer isto, e isto, e mais aquilo!" — e fazer voltar paulatinamente à normalidade o exercício das potências que foram monopolizadas, como quando começamos a mover pouco a pouco um membro entorpecido.

Sofrer e alegrar-se são sinônimos de padecer (*pati*), no sentido metafísico da palavra: receber a impressão de um agente. Mas parece que em todas as línguas uma mesma palavra (ou duas da mesma raiz) significa passivo e paciente, ao passo que são duas expressões diferentes as que exprimem as ideias de alegria e de prazer.

É que o prazer e a alegria nos fazem desabrochar, sentir que vivemos; são a consciência afetiva de um crescimento do nosso ser. O sofrimento, porém, é a consciência de uma diminuição. O prazer ou a alegria ajudam-nos a progredir. O sofrimento lança o coração na solidão e fá-lo dobrar-se desesperadamente sobre o amor que o homem consagra a si próprio. Só poderá ser benéfico pela reação que provoca. Portanto, necessita da intervenção de um princípio alheio à sua natureza para transformar os seus efeitos próprios, destruidores do nosso ser. Esta realidade é demasiado importante para poder passar sem uma observação mais atenta.

Mas antes disso convém desfazer a má impressão que as nossas observações possam causar em alguns leitores que já tenham verificado em milhares de casos o benefício da dor, mesmo em pessoas que não conhecem Cristo e a sua Cruz. Admiraram certamente o profundo trabalho que se operou nelas, e o seu instinto protesta contra a ideia de que o sofrimento seja puramente nocivo, com a mesma repugnância que experimentam por um preconceito exagerado ou com a revolta que sentem perante uma blasfêmia.

Tudo entrará no seu lugar e se equilibrará se nos prevenirmos contra a inspiração daquele amor que temos por nós próprios, e que, como dissemos há pouco, se revolta contra a dor. O amor de nós próprios nem sempre se fecha: pode também abrir-se. Espanta-me que os autores espirituais quase nunca tenham a preocupação de

Do sofrimento à Cruz

mostrar que todos os valores se invertem em nós conforme o amor que necessariamente sentimos por nós mesmos se fecha sobre o nosso eu, ou, pelo contrário, se insere no concerto universal; conforme, fazendo do nosso eu principio, norma e fim dos nossos atos, arvorando-o em valor absoluto, o tornamos odioso, ou então nos amamos na ordem divina, numa aspiração orientada para o fim supremo da vida.

Nunca se deve condenar o *amor-próprio* sem o distinguir do legítimo e necessário *amor de nós mesmos*, e esta distinção é sem dúvida a mais radical que há a fazer em matéria espiritual. Os seus efeitos fazem-se sentir em toda a doutrina, e é por não os considerarmos devidamente que não raras vezes caímos na maior confusão, para a qual arrastamos depois a alma dos outros[7].

O que há de incrivelmente odioso no sofrimento, dizia acima, é o seu poder de absorção, isto é, a sua tendência a transformar em amor-próprio egoísta o amor de nós mesmos. Retomemos a velha comparação da vida com um rio. É uma comparação admiravelmente exata, pois, na verdade, os nossos atos são arrastados por uma corrente: a ânsia de viver, o desejo de realização e de expansão.

Se somos envolvidos pelo turbilhão da dor, este leva-nos a sair da corrente que incessantemente nos faz avançar. Obriga-nos a uma reação para entrarmos novamente na corrente, e é essa a sua vantagem. Faz-nos empregar uma energia a que de outro modo não nos sentiríamos obrigados. Em outras palavras, se reagimos contra o sofrimento, passamos a viver com mais ardor. O próprio perigo de um amor-próprio exasperado pode tornar-nos mais generosos. Mas, de per si, o processo do sofrimento tende, como vamos ver, a exacerbar o amor-próprio.

Note-se que, se existe um escândalo da dor, também existe um escândalo do prazer e até da alegria. É o que se passa quando, por ação de influências propícias, a expansão do nosso ser nos dispensa do esforço pessoal. Por isso, os que não são atingidos pelo sofrimento não passam normalmente da mediocridade. Quantos não há que, voltando-se para o passado, se envergonham dos seres fúteis e nocivos que eram antes de o sofrimento os ter forçado a revelar a sua nobreza latente, até então perdidas nas facilidades de uma vida feliz!

Assim, o bem que o sofrimento pode ocasionar e o mal que o prazer e a alegria podem originar, longe de contradizerem, confirmam a nossa primeira afirmação: a consequência lógica do sofrimento, porque comprime e absorve, é transformar em amor-próprio o amor de nós mesmos. Mortificado, este amor dobrar-se-á sobre si de muitas maneiras, mas não se encaminhará espontaneamente para a cruz.

As reações espontâneas do amor-próprio

Vamos considerar apenas comportamentos reais e não teorias sobre o sofrimento. Não nos interessará, por exemplo, a opinião dos que afirmam que o sofrimento não é nada. O otimismo barato, o otimismo de pacotilha da *Christian Science* só pode merecer um sorriso irônico.

A fuga

Pode-se começar por tentar fugir à dor. É claro que, se sabemos do que falamos, não podemos ter a pretensão de lhe escapar por completo. Mas multiplicamos habilidades para a reduzir. O hábito da dor faz descobrir uma estratégia de manhas, de acomodações, de atalhos que diminuem os seus efeitos. O doente acaba por saber quais são as posições do corpo, quais os refúgios de sonho e de torpor que menos o farão sofrer. O escravo torna-se hábil em suportar as chicotadas. O homem de negócios evita os contratempos e, se não o consegue, sabe como encaixá-los... A vida exige estas técnicas, necessárias na medida em que somos *animalis homo*. É absolutamente indispensável um certo espírito de economia — e por esta palavra entendo um dispêndio frutífero das nossas forças. Mas o seu campo é bem restrito.

Sempre resta o sofrimento inevitável, que continua a ser incompreensível. As maiores dores são aquelas que não podemos eludir. A fuga não é, pois, uma solução. E é-o tanto menos quanto é certo que não a limitamos a um espírito de economia verdadeiramente necessário e virtuoso. A fuga evita os sofrimentos que o dever nos obriga a suportar — principalmente o dever para com os outros. Endurece pouco a pouco o coração, desenvolve nele o egoísmo. E ao mesmo tempo que o torna insensível ao que há de mais nobre neste mundo, e que exige sempre sacrifício, aumenta terrivelmente a sensibilidade às provações inevitáveis: o hábito de nos defendermos do frio torna mais dolorosa a sua mordedura.

O epicurismo que inspira a civilização dos últimos séculos — um epicurismo que o próprio Epicuro desprezaria — produz o homem que nós conhecemos e que nós somos: de coração seco, caráter envilecido, sensibilidade exagerada. A vida regulada de maneira a proporcionar o máximo de prazer e o mínimo de dor é um engano que seca as fontes da energia espiritual e da alegria; deixa-nos desprotegidos, ou antes, infinitamente mais vulneráveis aos ataques da dor. A única saída lógica para uma vida assim orientada é o desespero[8].

A abdicação

Acontece muitas vezes que o sofrimento leva à desistência. A alma fica completamente quebrada. Perde o gosto de viver. Podem-se-lhe aplicar estas palavras de um personagem de Estaunié: "Desligado da realidade, não passa de um morto que vagueia". Mas este escritor é muito otimista quando põe na boca de outro personagem: "O ser desligado de si mesmo pela dor que lhe parece injusta apela fatalmente para um além"[9].

Mas esse apelo é perfeitamente discutível. Não há dúvida de que o instinto incoercível de felicidade que há dentro de nós procura uma saída; a insatisfação em que o sofrimento nos lança pode predispor-nos para receber uma mensagem do além, mas não se trata de um além que desejemos e que tenha algum significado para nós, enquanto nos sentirmos atraídos pelas seduções do mundo. O *além* para o qual apelam os dois personagens que Estaunié põe em cena não tem nada capaz de satisfazer seja quem for. A própria dor tornou-o vazio de substância e incapaz de desviar para ele as aspirações da alma. Em boa verdade, esse *além* sugerido exclusivamente pelo sofrimento é, afinal, o nada.

Buda pôs a claro tudo o que se esconde na resignação em que o sofrimento, por si só, nos obriga a refugiar-nos. A resignação produzida pelos golpes renovados e violentos das provações já não é a inútil tentação de escapar às causas do sofrimento, mas sim àquilo que sofre em nós: e a nossa vontade de viver abdica.

Nós existimos na medida em que somos capazes de sofrer: se apagarmos a nossa vontade, se renunciarmos à nossa personalidade, a realidade dolorosa esbate-se, mas a alma adormece. A vida física, psíquica, intelectual, continua a desempenhar as suas funções, mas a alma torna-se insensível. Não vive com uma nova vida, mais alta; pelo contrário, extingue-se e morre, por assim dizer, em vida.

A luta

Se a alma, em vez de ceder a esse apelo do nada que chega até ela quando sofre profundamente, se rebela e apenas vê na dor um inimigo que é preciso combater, que acontecerá? Essa alma reconhecerá que é com razão que se dá à dor o nome de prova, prova de virtude, que atesta e aumenta o seu valor perante o obstáculo — mas endurecer-se-á nessa luta.

Este endurecimento do orgulho, esta redução de uma personalidade que se mantém em permanente tensão para o combate, são um triunfo sobre a dor, pois manifestam a capacidade, a elasticidade de que a vida está dotada para reagir contra um mal, mas essa reação pura e simples não dá um sentido à dor. É necessário que um princípio ativo, mais forte que ela, e vivendo na alma, a assimile de certo modo e lhe confira um valor de vida que permita ultrapassá-la.

De resto, as grandes provas de que a alma sai vencida mostram que essa luta mantém intacto o escândalo da dor. O estoicismo sabe perfeitamente que o "santo" por ele construído só tem verdadeiramente como recurso a ataraxia, a apatia, quando não o suicídio: o verdadeiro estoico refugia-se na morte para se desembaraçar do ser. No fundo, as grandes atitudes humanas perante o sofrimento — o estoicismo, a abdicação e o epicurismo — encontram-se num mesmo ponto, por mais estranho que pareça: subsiste o escândalo da dor.

O dolorismo

É claro que existe uma quarta solução: a de levantarmos a cabeça fingindo ver no sofrimento um bem. Esta posição também está na lógica humana da dor. Fá-la fechar-se em si mesma. Já que sofre, a alma compraz-se na dor, procura nela com avidez o gosto de si própria. A dor é tão original! A dor é o que nós temos de mais verdadeiramente *nosso*!

Mas assim dá-se uma dupla inversão: a que faz considerar o mal como um bem; e o egocentrismo mórbido, que é uma inversão, porque procurar a nossa exaltação naquilo que nos diminui e nos desagrega é contra a objetividade do sentido da existência, é abrir o caminho à loucura ou ao desespero.

Do sofrimento à Cruz

* * *

O desespero está no termo de todos esses caminhos, pois a dor é no fundo um escândalo incompreensível para quem sofre; é impenetrável à nossa investigação. Não só torna difícil que o nosso organismo e a nossa alma a aceitem ou tolerem, como aniquila as nossas potencialidades de vida, que se orientam vigorosamente para a busca da felicidade.

O verdadeiro hedonista não encontra nenhum sentido ao sofrimento. O budista vê nele a própria essência da vida, e, em última análise, essa essência é o nada. O herói ocidental enfrenta-o como um obstáculo que lhe dará uma oportunidade para afirmar o seu valor, mas sai vencido do combate. O dolorista compraz-se na dor, sente-se bem nela, mas ela aniquila-o.

Nestas experiências inelutáveis, o homem verifica vitalmente o que a sua reflexão lhe faz ver, se for lúcido: o escândalo da dor na sua existência, na sua universalidade, no seu arbítrio caprichoso. Na sua *existência*, porque o homem é todo ele um impulso para a felicidade. Na sua *universalidade*, porque não poupa ninguém, toma todas as formas, aparece em toda a parte; não há nada que não se resolva nela, isto é na morte, de que a dor é uma antecipação. E sobretudo no seu *arbítrio*, porque a sua injustiça é incompreensível[10]: que desproporção na distribuição dos males, que evidentemente não correspondem necessariamente neste mundo à culpa e ao castigo! Há muito tempo que os amigos de Jó perderam a sua causa.

Será então a dor uma prova para a virtude? Mas que desproporção entre as forças que se diz que ela educa e robustece, e os processos que emprega! "O homem é um aprendiz, a dor é o seu mestre". Que detestável pedagogo! Vede o que ele faz do seu aluno...

Seja qual for a maneira como suportamos o sofrimento ou refletimos sobre ele, o certo é que põe problemas insolúveis ao homem que atinge. Por outras palavras, apresenta-se-lhe como um mistério completamente impenetrável à sua inteligência, como um autêntico absurdo. É trágico no verdadeiro sentido desta palavra, no sentido dos trágicos gregos, na medida em que nos coloca num beco sem saída. Não é o apelo de uma estrada que sobe. Qualquer que seja a linha que se siga de entre as suas linhas divergentes, aonde nos levam elas, a não ser que sejamos ilógicos e fiquemos no caminho? Ao desespero, não à cruz! Se lhe quiserem chamar cruz, não será a de Cristo nem a do cristão, mas a do mau ladrão.

O Crux, Ave, Spes unica

Por conseguinte, a dor nem é a cruz, nem conduz por si só à cruz. Se é assim, como se explica que muitos, à força de sofrerem, tenham sido transformados pela cruz? Não será porque no fundo da sua dor encontraram, mais ou menos escondida, a Cruz do Senhor?

Fazer esta pergunta é quase a mesma coisa que responder-lhe. Observemos, com efeito, o que se passa. Sofrer, e apesar disso não cair no abatimento, nem na insensibilidade, nem na exaltação do orgulho, mas crescer ao mesmo tempo em força e em doçura, é atestar a presença em nós de um princípio de vida que vence a desordem.

E que princípio tão extraordinário, para conseguir vencer tão terrível desordem! Como é possível sofrermos a crueldade da natureza ou dos homens e sairmos com o coração ileso, quando não acreditamos com todo o nosso ser numa harmonia em que estamos integrados, tão perfeita que resolve na sua paz a sua própria crueldade? Talvez a falta de reflexão, os preconceitos, os mal-entendidos nos impeçam de atentar para ela, mas nós temos a fé de um filho no Pai celeste; a nossa própria vida é uma afirmação de que sobre o curso das coisas vela uma bondade tal, que nem mesmo as causas do sofrimento a põem em xeque, pois ela as transcende e penetra. Bondade divina, fé verdadeiramente sobrenatural.

Se formos capazes de sofrer como se pode ter de sofrer neste mundo, crescendo no entanto em força e em mansidão, é porque a graça divina opera em nós e transforma o amor-próprio numa esperança e numa caridade que podem chegar a ser heroicas. Um princípio de vida — alheio à própria dor — atuará sobre esta, transformando-a: este princípio é uma *fé viva*. O sofrimento será a ocasião para o aparecimento e desenvolvimento dessa fé, uma ocasião mortificante, sem dúvida, tal como o mal-estar que experimentamos quando estamos em má posição para observar um quadro e somos obrigados a procurar o ponto exato em que nos devemos colocar.

A graça dá à alma que transformou em alma de boa vontade a possibilidade de procurar por tentativas a posição, a atitude, o comportamento, a abertura segundo a qual o sofrimento se converte, de escândalo que era, em mistério de vida. Quanto mais vago for o sentimento filial para com o Pai providente, mais estaremos numa posição confusa e incômoda. O sofrimento é de tal maneira absurdo que, só por nós, nunca encontraríamos o ponto em que ele nos aparece como um mistério de vida. Foi preciso que Deus em pessoa viesse colocar-se nesse ponto — e aí temos a Cruz.

Não é sozinhos que a podemos encontrar. É Deus que no-la revela. Revela-se nela, atrai-nos para ela, e, se nos entregarmos a Ele, tudo nos aparecerá a uma luz muito diferente. Já não teremos de procurar. Se interrogarmos a própria dor, só receberemos em resposta as tentações do desespero. Se ouvirmos as sugestões da boa vontade, apenas obteremos explicações aproximadas e parciais. Diz Paul Claudel:

> "A esta terrível pergunta (feita pela dor), a mais antiga da humanidade e à qual Jó deu uma forma quase oficial e litúrgica, só Deus, diretamente interrogado e intimado, estava em estado de responder, e o questionário era tão longo que só o Verbo o podia preencher, dando não uma explicação, mas uma *presença*"[11].

Por vezes, pode parecer-nos que a doutrina de Jesus em si nos traz uma explicação. Sem dúvida! E as palavras de Claudel não pretendem ser mais que uma invectiva. Mas — depois de termos contactado com a sabedoria cristã — vale a pena tornarmos a ler os filósofos e moralistas não cristãos para compreender que o que estes nos apresentam como explicação da dor, quer na sua origem, quer no sentido que lhe podemos encontrar, há de parecer-nos insuficiente ou sem fundamento.

Digo "sem fundamento" porque as suas explicações, quando não são lacônicas, pressupõem, para poderem ter algum valor, a Providência e a ação da graça de um Deus pessoal a que não aludem. E ainda que as pressupusessem, as suas teorias continuariam a ser excessivamente abstratas e não corresponderiam às necessidades específicas da alma que sofre. Espero que estas observações, apesar das limitações de que é responsável a minha mediocridade, transmitam um pouco de verdade cristã, suficiente pelo menos para que o espírito reconheça nelas *a única explicação satisfatória*.

Mas elas só o fazem na medida em que se pode *explicar* tal mistério. Afinal Claudel tem razão, e não é uma explicação que a dor pede, mas sim uma *presença*, a Presença! Poucos dias antes de morrer, um religioso que sofreu muito fisicamente durante sete anos, o Pe. Antoine Falaize, escrevia à sua prima enfermeira, para fazê-la compreender o estado da pessoa que sofre e as suas necessidades:

> "Esta criatura que foi feita para viver, para ser feliz, para sentir alegria, encontra-se como que desagregada, destruída por uma força desconhecida: há qualquer coisa que a arranca a si própria. Na verdade, nós não existimos: tudo o que somos, recebemo-lo; e eis que de repente a fonte seca, e voltamos a ser o nada que somos. Só Deus existe. Que mistério! Perante o sofrimento — isto é, perante essa contradição impensável que é a morte da vida —, sente-se o mistério de Deus, que é o único que *existe*, que é a única *vida*! Que necessidade sentimos então de lançar-nos, de refugiar-nos nesse mistério!

«Ó Deus, só Tu existes, tem piedade de mim!» Mas sem Cristo nada disto se poderia pensar. É Cristo, é a sua paixão que nos faz penetrar neste mistério"[12].

O Pe. Falaize faz-nos compreender que à "morte da vida" não se deve dar uma resposta filosófica, mas um contato vivificante. E ele insiste na solidão em que o sofrimento nos lança, uma solidão feita principalmente da consciência de que, sendo incompreensível, já ninguém nos pode acompanhar. Quando sofremos, só Cristo responde aos nossos problemas, descendo à intimidade da nossa dor para transformá-la no mistério do seu amor.

A Cruz de Cristo

"Não foi para brincar que Ele nos amou"

No dia em que a cruz se ergue diante dos olhos daquele que sofre, é natural que ele ouça o Crucificado dizer-lhe: "Haverá dor igual à minha dor?"[1] E, como disse Santa Ângela de Foligno: "Não foi para brincar que Eu te amei". Não foi para se divertir que Ele nos amou e se entregou por nós.

Mas o infeliz não ouve nada disso. Está embaraçado, mais que embaraçado. Sigamos o que ele talvez não ouse reconhecer, mas que no fundo o revolta: "Isto é uma burla! Se Deus é Deus, tem, para sofrer, forças que a mim me faltam. Se é Deus, não pode sequer sofrer. Toda essa pregação muda que pretendem fazer-me com a sua compassiva presença é um abuso de confiança"*.

Cristo não fez batota.

Veio para partilhar a nossa miséria, e fê-lo sem reservas. A sua natureza divina, não passível, não absorveu a sua natureza humana. Deixou-a intacta, com a sua psicologia própria, perfeitamente humana, por conseguinte dolorosamente humana. É assim que a fé no-lo apresenta, é assim que Ele nos aparece no Evangelho. E, se reflectirmos bem, é assim que o deve conceber a

---

* Não há nada tão trágico como os mal-entendidos que durante uma vida inteira escondem a quem tem sede a fonte que a misericórdia divina faz brotar para que ele possa beber. Mas também, no dia em que esses mal-entendidos se dissiparem, que pungente compreensão do grande amor (*nimiam caritatem*; cfr. Ef 2, 4) mal compreendido!

nossa inteligência. Pois Deus não é um ser da mesma ordem dos seres criados, só que mais poderoso. É de uma ordem muito diferente da sua criatura. Não existe nenhuma medida comum que lhes permita — a Ele e ao homem — entrar em combinação. Se Deus se une à criatura humana, continua a ser-lhe transcendente, e, longe de lhe alterar as características, Ele, que é o seu criador todo-poderoso, fá-la ser o que é de uma maneira mais perfeita.

Cristo não é a mistura de duas naturezas, em que a divina, porque mais elevada, faz perder à humana as suas características humanas. É um homem como nós, dotado de uma alma humana com todas as suas faculdades, uma inteligência, capacidade de amar e de sofrer, uma imaginação impressionável, uma sensibilidade capaz de se alegrar e de padecer. A diferença entre Ele e nós está em que essa mesma natureza humana, a que nós estamos limitados, se abre nEle sobre a própria pessoa do Verbo divino.

Por mais unidos que estejamos a Deus pela ação que a sua graça opera em nós, a nossa pessoa continua a ser a nossa, ao passo que, nesse Homem extraordinário, a pessoa, o princípio irredutível de autonomia e de originalidade, é a segunda Pessoa da Trindade.

Ele revestiu-se dessa humanidade semelhante à nossa para ser um de nós e viver no meio de nós, à nossa moda, de forma a ter, além da sua atividade eterna de Deus, uma atividade verdadeiramente humana. Iremos julgar que se há de eximir ao sofrimento, que nos aparece como o que há de mais humano na condição humana? Precisamente por ser essa a nossa condição, Ele quer, pelo contrário,

A Cruz de Cristo

que o seu ato principal, princípio inspirador de todos os outros, seja a paixão e a morte.

Por mais que examinemos este mistério e procuremos conhecer as suas razões e os seus frutos, o caso é este: se Deus toma a forma humana, é para sofrer e morrer como nós (e por nós). Torna-se o Homem por excelência — é este o significado do título de Filho do Homem, que gosta de dar a si próprio —, e, por excelência, o Homem sofredor e mortal, o Homem das Dores.

Em Cristo, a divindade, longe de o impedir de sofrer, *deseja* o sofrimento como uma razão de ser da sua encarnação. E notemos que ela dá a esse sofrimento uma repercussão prodigiosa. Quando Deus cria uma natureza humana para se lhe unir em pessoa, confere-lhe uma elevação, uma profundidade, uma delicadeza dignas de Si. São qualidades humanas aquelas com que Deus a dota, mas, no caso de Cristo, tão elevadas que convêm a um homem que é também o próprio Deus. Todos notamos já que, quanto mais nobre e pura é uma alma, mais sensível se torna também ao sofrimento. Por Cristo ser Deus, as suas penas excedem evidentemente tudo o que possamos imaginar.

Eis por que não podemos dizer impensadamente: "Ele é Deus...", imaginando: Ele não pode sofrer, ou, se sofre, apela para os seus poderes, que lhe diminuem o sofrimento. Por ser homem, pode sofrer; e por ser Deus, o sofrimento atinge nEle aquela espécie de infinidade que é inacessível a uma natureza humana, debilitada em nós pelas fraquezas e rebeldias pessoais.

O que poderia parecer-nos capaz de impedir Cristo de sofrer não é a sua divindade, mas a visão beatífica que possuía já neste mundo: somos obrigados a dizer que o cume da sua alma, se assim me posso exprimir, estava já glorificado, e que, precisamente por isso, essa alma suportava dores físicas e morais muito superiores às que jamais poderemos sentir.

Esta psicologia desconcerta-nos. Parece-nos que a unidade da alma humana de Cristo, a simplicidade da sua essência, apesar da multiplicidade das suas potências, deveria assegurar nela uma difusão da luz da glória tal que todo o sofrimento e dor fossem absorvidos nela. Há realmente uma dificuldade nisto. Enquanto a natureza divina do Verbo, transcendendo a humana, não entrou em concorrência com esta, a alegria beatífica de que gozava, embora inconcebível para nós neste mundo, aparece-nos contudo como verdadeira alegria, e tão absoluta que não compreendemos como pudesse ser compatível com o sofrimento. Sim, a dificuldade é grande, e toda a psicologia de Cristo nos assombra. Não a podemos reduzir a um dos seus elementos.

Em Cristo, a alegria do paraíso limitava-se a um dos extremos da sua alma para permitir que, com exceção desse ponto extremo, Ele fosse invadido pela dor. Imaginemos como pudermos uma espécie de tela misteriosa que tivesse interceptado a luz divina durante a vida mortal de Cristo. Embora, durante a sua paixão, não tenha deixado de contemplar Deus face a face, mantendo sempre, como Ele nos diz[2], a sua vida em intimidade com o Pai, Cristo pôde contudo estar triste até à morte, sentir rasgar-se a sua carne e sofrer a angústia do abandono de Deus.

A Cruz de Cristo

Obrigados a concordar que há nEle este contraste tão notável, não podemos deixar de acreditar que o seu sofrimento aumentou com isso. Para empregar as palavras de um autor espiritual do século XVII, Louis Chardon, "o peso da glória traduziu-se numa inclinação para a cruz". E isso de duas maneiras. Por um lado, a visão beatífica aumentou a veemência com que Cristo se encaminhou para a Cruz, na medida em que essa visão lhe mostrou nos próprios desígnios eternos a obrigação do seu sofrimento e morte. Por outro lado, a experiência da vida divina levou a um horrível paroxismo a revolta espontânea de todas as potências de Cristo contra tal sofrimento e tal morte.

Para os homens que o materialismo aproxima dos animais, a morte é um fenômeno bastante normal: a nossa época multiplica o seu pseudo-heroísmo; como já não são nada, nada têm a perder. Mas o que se passa com Cristo é o contrário, pois, sofrendo, mergulha na vida divina: se isso não anula o seu sofrimento, abre a esse mesmo sofrimento tremendas capacidades.

Aproximemo-nos, pois, com tremor, do Homem das Dores: com tremor por vermos nEle o nosso sofrimento humano elevado a uma espécie de grau divino, sabendo que a sua causa está no amor que O quer levar a unir-se a nós até ao mais fundo da nossa desgraça. Sejam quais forem as nossas penas, encontramo-las nEle; reconhecemo-las, reconhecendo que nEle são ainda mais dolorosas do que em nós. A força que exercem sobre nós faz-nos entrever os abismos da sua dor e convida-nos a sondar esses abismos em que Ele mergulhou livremente, com a veemência do seu amor divino.

Perscrutar este mistério da sua dor, familiarizar-nos com ele, é um objetivo a que os homens deveriam consagrar a sua vida. Cristo viveu este mistério por amor de nós, a fim de nele se comunicar conosco. Não é com meia dúzia de palavras que poderemos perscrutar os seus abismos. Limitemo-nos aqui a indicar os degraus pelos quais nos parece que se desce melhor a eles.

Os abismos do sofrimento de Cristo

Cristo parece-se conosco, em primeiro lugar, na sua repugnância pelo sofrimento e pela morte, como já notamos. A palavra "escândalo" que Ele emprega para reagir contra o sentir de Pedro, segundo o qual o Messias cumpriria a sua missão sem carregar com a Cruz, significa que, para não vacilar, Ele tem de se pôr em guarda contra qualquer outra saída; a violência do seu sobressalto[3], a perturbação que sente junto do túmulo de Lázaro[4] e — quando a horrível certeza da sua paixão se apresenta ao seu espírito — o tônico que lhe oferece a certeza de que vai cumprir a vontade do Pai e de que "veio para essa hora"[5] — tudo isso nos mostra que Ele é na verdade um de nós!

Quando trememos diante da dor, Ele está conosco contra os estoicos, tão estúpidos como odiosos. Suplica ao Pai que lhe seja poupada a paixão, embora saiba que não pode lutar contra ela. Sente-se desfalecer numa agonia tão mortal que seu Pai tem de lhe enviar um anjo para o reconfortar[6]; e derrama sobre a terra o seu sangue e o seu suor. Mas vê nesse sacrifício a sua razão de ser.

Esse suor de sangue é um fenômeno raro, que os médicos conhecem. Só tem sido observado em estados de esgotamento, de grande choque moral, mais precisamente, de medo angustioso. São Marcos diz-nos que Jesus sentiu *pavor e abatimento*[7]. Uma paralisia das últimas ramificações nervosas do seu corpo fez rebentar os vasos sanguíneos das glândulas sudoríparas[8]. Esse suor de sangue mostra-nos que Jesus chegava à sua paixão esgotado pelo ministério evangélico, e, ao mesmo tempo, que essa paixão o sacudia e o paralisava de terror.

Através dessa agonia, podemos descer juntos a todos os círculos de dor em que Jesus se afunda. Devemos deter-nos no das dores físicas e voltar lá muitas vezes. Se Jesus quis sofrer no seu corpo, convém imaginar da maneira mais realista o que foi esse sofrimento. Se com ele quis mostrar-nos o seu amor, esse sofrimento não nos pode deixar insensíveis, mas levar-nos a imaginá-lo ao vivo. De resto, o sofrimento físico é com muita frequência a parte que nos cabe (pelo menos a que mais receamos), para que este aspecto da paixão de Cristo não deixe de ser um dos que nos fazem pensar nela mais a sério. Não foi para brincar e divertir-se que Ele nos amou!

À procura das ovelhas perdidas*, Jesus esgotou-se até à exaustão. A hemorragia no Horto avivou uma sensibilidade à dor que já era agudíssima por natureza, pois a sua carne era delicada e pura.

Suportou as violências dos brutos. Como compreendemos bem as palavras de Davi, a quem Deus deu a

---

*   As impressionantes palavras do *Dies irae: Quaerens me sedisti lassus*.

escolher entre dois castigos: *De toda a parte me vejo em grandes angústias; mas para mim é melhor cair nas mãos do Senhor, porque é de muita misericórdia, do que cair nas mãos dos homens*[9]. É horrível cair nas mãos do Deus vivo[10], mas as mãos dos homens são ainda mais terríveis. Sabemos que essa é uma das mais pavorosas realidades humanas, e, apesar de que neste mundo gozamos de uma certa liberdade precária, trememos por vezes ante a ideia de que as potências cruéis podem apoderar-se de nós, como se fôssemos simples objetos, e esmagar-nos à sua vontade.

É preciso que o infeliz que é espancado por ser demasiado fraco para continuar a caminhar com os outros prisioneiros, ou aquele a quem obrigam a transportar um fardo demasiado superior às suas forças, ou aquele que foi aviltado na sua honra, possam encontrar na sua noite o miserável Prisioneiro que foi empurrado, esbofeteado, cuspido.

Cristo recebeu dos soldados a chuva dos chicotes de couro e das bolas de chumbo que lhe rasgaram a carne e arrancaram a pele, que quebraram a sua resistência. Enterraram-lhe na cabeça uma coroa de espinhos. Já não passava de um farrapo sangrento despojado do seu aspecto humano quando o obrigaram a carregar com a Cruz nos seus ombros chagados.

A crucifixão é um suplício atroz porque, como nenhum órgão essencial à vida é afetado, morre-se de puro sofrimento. Imaginai a força com que os esbirros esticam ao máximo os membros de Cristo, a violência com que lhe cravam os duros pregos quadrados, a impiedade com que lhe quebram os ossos. Os pregos cortaram-lhe os troncos nervosos e arrancaram-lhe durante três horas um grito lancinante, da mesma maneira que o arco arranca à corda do violino sons estridentes.

Não tinha outro apoio além das suas chagas vivas para tentar lutar contra as câimbras, contra o horrível tétano que o teria feito contorcer-se se não estivesse implacavelmente imobilizado.

Estava cheio de sede. Sentia arder a cabeça congestionada e latejar de pesada confusão. O sangue circulava com dificuldade. O coração estava oprimido por aquela água acumulada que a lança do centurião faria jorrar, e pulsava desesperadamente para levar a vida àquele corpo que a morte já apertava nas suas garras.

Evidentemente, não tenho a pretensão de dizer tudo; limito-me a apontar alguns dos sofrimentos que nos podem sugerir o que foi a paixão de Cristo. Também só posso limitar-me a evocar algumas das suas dores morais, que formam como que o terceiro círculo a que a nossa meditação deve descer. Também neste ponto devemos imaginar de um modo bem realista o que a contemplação piedosa embotou.

Pensemos no sofrimento que nos causa uma traição, na indiferença e no abandono dos nossos amigos. Entremos na alma de um ser com uma capacidade de amor muito superior à nossa, e, se tivermos um pouco de imaginação, nunca poderemos experimentar uma dor cujo equivalente não encontremos em Jesus, mas numa amplitude e acuidade infinitas. Quando choramos sobre as desgraças da nossa pátria, ouvimo-Lo chorar sobre a sua[11], que é mais do que a sua pátria, é a Cidade Santa, e a ruína desta atinge-o pessoalmente, pois Jerusalém será aniquilada por tê-lo rejeitado e crucificado. Quando a vergonha nos queima, Jesus aparece-nos insultado com os piores sarcasmos, suspenso entre o céu e a terra. Por mais dolorosa que seja a nossa paixão, a dEle é ainda mais infamante, e de uma infâmia sagrada que aterroriza os circunstantes: o Crucificado é um maldito.

Ergue-se diante de nós o seu fracasso ridículo, abjeto, em que esmorecem as esperanças que nEle se puseram, as esperanças dos pequenos, dos pobres, dos oprimidos. Ergue-se também o desencadear de tudo o que há de vil no coração dos homens. O olhar profético de Jesus, o seu olhar divino, adivinha os segredos: vê que foi a sua vinda que descobriu toda essa vilania, vê que sem Ele essa vilania teria ficado latente e como que anódina. Vê a apostasia do mundo, a abundância dos pecados, todas as almas para quem a sua morte seria inútil por se recusarem a abrir-se ao seu amor.

É nesse sofrimento do seu amor que parece estar o fundo da sua paixão, pouco meditada pelos cristãos. Jesus deu-se a nós *perdidamente*. No sentido próprio da palavra: perdeu a sua vida por nós. Nós somos a sua razão de ser. A abnegação do homem pela mulher que ama, da mãe pelos filhos, do militante pela causa à qual tudo sacrifica, são muito pouco em comparação com a dádiva que Jesus nos fez de si próprio, com a impetuosidade de um amor que derivava imediatamente, e sem a mínima restrição, do seu amor divino por nós.

É o seu amor por nós que o leva a experimentar como própria a nossa dor, a sentir-se pessoalmente esmagado por todas as dores de todos os homens. E se a isso acrescentarmos a dor que lhe causam as nossas iniquidades, vemos que essa dor é mais terrível ainda e muito pior do que o do sofrimento a que o submetem. Já não nos basta considerar a sua intensidade, pensar na extraordinária repercussão que teve nEle, lembrar-nos de que viveu toda a sua vida esmagado sob o peso da sua paixão e morte inevitáveis, contínua e antecipadamente sofridas. Pouco importa, pois, que o sofrimento de um homem exceda o seu; a questão não está em compará--los, porque a razão de ser do sofrimento de Cristo engloba e ultrapassa todos os sofrimentos de qualquer homem.

E, contudo, ainda não foi esse o maior tormento da sua paixão. O mais horrível de todos foi o sofrimento propriamente místico de se sentir abandonado. Embora seja para nós completamente incompreensível, é este que nos fala mais eficazmente.

Pode acontecer, com efeito, que nos falte tudo, que tudo nos esmague, e que na nossa alma tudo sejam trevas e tumulto. Mas ainda assim Jesus continua a ser mais miserável do que nós. Que não terá sido para o Filho de Deus o sentimento de que seu Pai o abandonava? Bem sabemos que o seu grito: *Meu Deus, meu Deus, por que me abandonaste?* era o início de um salmo messiânico[12], todo orientado para a certeza da salvação, mas precisamente essa certeza agravava o aparente desamparo divino em que se encontrava.

Não devemos suavizar este aspecto do mistério de Cristo. Chegamos ao ponto mais profundo que os nossos olhos podem contemplar. Sabemos muito bem que podemos um dia sentir-nos completamente desamparados, que a solidão em que nos lança o sofrimento nos pode dar a angústia do nada absoluto: é preciso que então, e então mais do que nunca, possamos encontrar Jesus, que se mostra nosso irmão numa experiência única.

Duas razões se nos apresentam, pois, imediata e simultaneamente, que justificam a terrível abundância de sofrimentos que constituem a paixão de Jesus.

A primeira é que, não sendo os atos de Jesus os de um simples homem, mas os de um homem que é Deus, possuem uma eficácia universal, infinita, e isso dará aos seus sofrimentos como que uma nova profundidade, ou antes uma altura divina, que os tornará verdadeiramente *nossos*.

Mas nesse caso o menor de todos esses sofrimentos de Cristo não seria suficiente? O mais insignificante ato de um homem, se o seu poder é divino, tem um alcance infinito. Por que então essa abundância de sofrimentos? Sem dúvida porque está de acordo com a prodigalidade divina, e, quanto mais contemplarmos nas suas diversas linhas a paixão redentora, mais nos deslumbrará a prodigalidade com que se manifesta a magnificência divina. Aqui está a segunda razão do sacrifício de Cristo, porque, além de abranger a multiplicidade das dores humanas, significa, por outro lado, o "excessivo amor"[13] e a loucura verdadeiramente divina que Deus nos quis testemunhar acompanhando-nos com o seu amor e consolo em qualquer forma que a dor se apresentasse na nossa vida. O amor divino não nos convenceria se o Verbo feito carne não tivesse sofrido na sua única Cruz todas as cruzes dos homens.

É este o escândalo da dor e da morte que a resposta de Deus não seria capaz de desfazer se não consistisse em que o próprio Deus veio bater nessa pedra de escândalo com uma intensidade desmedida, digna de si. Mas é precisamente da Cruz que a paz desce sobre nós. De futuro, não haverá grau nem gênero de dor em que não encontremos a presença do Amigo divino que não nos amou só por brincadeira. Não só está presente, como nos comunica a sua virtude.

A lei da Cruz

Mas antes de penetrarmos no mistério desta ação eficaz e abrangente que Cristo exerce, devemos refletir um pouco mais sobre a aceitação da nossa condição miserável que o levou à Cruz.

Creio que, em geral, não se medita suficientemente neste aspecto. Contentamo-nos precipitadamente em apelar para o decreto divino que determinou a natureza e até as circunstâncias da paixão de Cristo. Evidentemente, basta que esse decreto tenha sido ditado por Deus para que seja acertado, mesmo que nos cause espanto. Um dos temas mais proveitosos da meditação cristã é a obediência de Cristo, que se conforma com os mais insignificantes pormenores da vontade divina, muitos deles descritos pelos profetas.

Mas essa sabedoria do decreto divino estará realmente tão escondida para nós que não possamos na verdade apreendê-la? Quando nos esquecemos de procurar uma razão que a justifique, arriscamo-nos a conceber um Deus irritado que se compraz em ver sofrer o seu Filho. Para satisfazer a sua justiça, não bastava um ato mínimo? Nesta perspectiva, custa-nos, pois, deixar de sentir que Deus é cruel, tão horrível é a paixão de Cristo. Blasfêmia intolerável, de que são responsáveis muitos autores espirituais e até teólogos.

Mas a razão que apresentamos — a aceitação por amor da nossa condição no seu auge — é manifesta e de um alcance imenso, pois comanda toda a economia da Cruz em Cristo e em nós. Com a sua obra de salvação, a encarnação é a descida da misericórdia infinita à miséria humana, para a inverter, numa ordem inversa às suas leis de morte.

A lei da Cruz é, com a mais rigorosa precisão, a lei do sofrimento e da morte *invertidos*. Acontece assim com Cristo porque Ele é o primeiro dos irmãos que têm de sofrer e morrer. "Se não houvesse cruz [na vida dos homens] — diz Santo André de Creta —, Cristo não teria sido crucificado"[14].

Em relação a Cristo, como em relação a nós, Deus não tem que modificar o curso das coisas para medir a cruz: é só deixar que o mundo siga o seu curso. A cruz é a reação do mundo em face de Deus em pessoa (em Cristo) ou da sua graça (em nós). É fatal como uma reação química. O mundo, tal como o pecado o desequilibrou, nada mais tem para nos dar, afinal, do que o sofrimento e a morte.

O mundo é todo ele concupiscência dos olhos, concupiscência da carne e orgulho da vida; não pode tolerar a santidade absoluta, o amor infinito. É esse o grande tema do Evangelho de São João, mas é também o que aparece nos outros Evangelhos. Gostaria de transcrever na íntegra a página em que um grande teólogo exprimiu este drama. Eis as afirmações mais pertinentes:

"O Filho do Homem lança-se literalmente, irrefletidamente, no meio de nós. Mal acabou de nascer, procuram fazê-lo morrer [...] [15]. E nos poucos meses necessários para a promulgação do seu Evangelho e para a fundação da sua Igreja, só pode abrir caminho no meio dos seus com a condição de introduzir no mundo incríveis modificações que poucos aceitarão. E, apesar de sabê-lo, morre por esse mundo... Uma espécie de 'fatalidade' pesa sobre Ele. Sente-se preso, por assim dizer, na armadilha da sua própria encarnação e fechado na rede das nossas misérias e dos nossos pecados. Vai sofrer e morrer por ter querido opor-se com demasiada ousadia aos nossos pecados e partilhar com demasiada generosidade as nossas misérias... Está perdido por ter querido ligar demasiado intimamente a sua sorte à nossa"[16].

Deus em pessoa veio ao mundo para se defrontar com a universalidade do pecado que impera nele e que acabará por crucificá-lo. Isto não quer dizer que Deus não opere. Mas age pelas causas segundas. Esconde-se no jogo dos atores. Até os pecados dos carrascos, de Pilatos, dos cabecilhas dos judeus e de Judas, que são atos livres dos quais Ele não é a causa e que o ofendem, entram nos seus planos e são transformados por Ele no maior dos bens. Com mais razão ainda, todo o peso da dor e da morte que cai sobre os homens de uma maneira tão absurda, segundo as falhas de uma natureza ferida por essa aberração que é o pecado no mundo, todo esse sofrimento desordenado entra na ordem divina.

Por outro lado, visto que é Deus em pessoa que sofre a paixão infligida pelos pecados do mundo, esta fica carregada de virtude divina. Vejamos agora que virtude é essa, quais as suas dimensões e em que linhas opera.

As dimensões da Cruz

Que Cristo habite pela fé nos vossos corações, a fim de que, tendo raiz e alicerce na caridade, consigais compreender, com todos os santos, em que consiste a largura, o comprimento, a altura e a profundidade, e conhecer o amor de Cristo, que ultrapassa qualquer conhecimento (Ef 3, 17-19)*.

Neste ponto, voltamos a entrar num mundo imenso. Aqui os abismos são de esplendor, e contrapõem-se aos abismos de dor em que acabamos de mergulhar os nossos olhares. São os mesmos, mas vistos no sentido inverso.

São Paulo quer que nós conheçamos com todos os santos as dimensões do amor redentor de Cristo. O que é, pois, essa misteriosa "profundidade", senão a da miséria humana a que esse amor desceu? E na sua "altura" não devemos contemplar a sublimidade divina com todos os tesouros da sabedoria e da ciência que encerra?[1] A sua "largura" não vejo que outra coisa possa designar senão a universalidade dos valores que Cristo governa como Rei e que, como sacerdote, oferece a seu Pai pela salvação dos homens. Finalmente, entendemos o "comprimento" como a continuação do tempo, em que tudo

---

* Parece que o autor sagrado quis resumir a riqueza do mistério de Cristo num esquema bem gráfico: uma cruz, cujos braços se estendem nas quatro direções, procurando abraçar o mundo inteiro (*Bíblia Sagrada*, passagem anotada pela Faculdade de Teologia da Universidade de Navarra na sua edição comentada de toda a Bíblia Sagrada, traduzida para o português por Edições Theologica, Braga, 1990) (N. do E.).

é para Cristo e por Ele, ontem, hoje e sempre[2]. Ora, nós também devemos medir essas dimensões da Cruz.

Ela estende-se desde a árvore do Éden até ao sinal do Filho do Homem que aparecerá sobre as nuvens no dia do Juízo. A sua envergadura é a dos seus braços universais. Quanto à sua profundidade e à sua altura, embora uma tradição venerável distinga o simbolismo da parte que está enterrada no chão daquela que fica de fora, parece no entanto fazer mais sentido constatar que a profundidade e a altura coincidem.

Os aviltamentos, as torturas, a morte, têm valor divino. É na sua profundidade que opera a altura divina, da mesma maneira que, inversamente, a nossa miséria é elevada sobre a cruz à altura divina. Os próprios sofrimentos de Jesus obtêm para a humanidade virtudes redentoras. Quando a nossa sensibilidade vê, como deve ver, a cruz, que a nossa fé contemple também o trono! Não sei bem de que maneira, mas acho que os pintores nos deviam mostrar em Cristo crucificado não só o último grau da abjeção, mas a luz que dela se desprende e brilha ante os "olhos iluminados do coração".

Os crucificados de Fra Angélico não são despedaçados pelo sofrimento humano como Cristo o foi realmente. Mas não há o direito, como fazem muitas vezes os artistas de hoje, de mostrá-lo como um objeto de horror, porque é à fé dos fiéis que essas representações se dirigem através dos olhos da carne, e devem portanto sugerir-lhes a contemplação do Deus que os salva.

Se eu me limitar a enumerar alguns frutos da paixão de Cristo, terei o ar de quem repete uma lição aborrecida. A nossa libertação, a expiação dos nossos pecados, a amizade divina, o culto perfeito oferecido a Deus, são enigmas que se julgam já conhecidos, na medida em que o homem os pode conhecer; fazem bocejar de tédio. A humanidade selou sob a indiferença e o tédio as fontes da alegria.

No entanto, devemos tentar fazer jorrar novamente essas "fontes do Salvador"[3]. Que significado têm elas para as nossas almas? Há um realismo das coisas da alma que não se contenta com lançar sobre elas um olhar apressado, antes se esforça por descobrir o seu sentido íntimo. Em relação aos mistérios divinos, a fé deve comunicar-nos uma espécie de imaginação transcendente, esses "olhos iluminados do coração" a que aludia há pouco, repetindo as palavras de São Paulo[4]. Todos nós somos capazes disso, porque todos fomos feitos para a vida divina.

Num livro de Barrés[5], no meio de secas discussões humanas, há de repente um instante de frescor: "a criança que tem os olhos postos nas estrelas". Oxalá as presentes considerações pudessem também provocar esses olhares espirituais concentrados no mistério da Cruz. Assim os corações regressariam à sua infância eterna, prontos a receber os frutos dessa cruz na sua totalidade.

Mas voltemos às dimensões da Cruz apontadas por São Paulo.

A extensão, ou a constante presença da Cruz

Inicialmente, a dimensão mais misteriosa parece ser aquela que a imaginação sensível não pode conceber na cruz de madeira: a presença do sacrifício de Jesus "ontem, hoje e sempre", antes mesmo de a Cruz ter sido plantada no Calvário e até ao fim dos tempos. Mas aos poucos o olhar descobre a eficácia *hoje e agora* desse sacrifício que, em si, tem um valor fora do tempo.

Se para Deus não há ontem nem amanhã, mas um eterno hoje, segue-se que Ele pode tornar o seu sacrifício atual em qualquer momento da sucessão dos séculos. Por isso, a paixão de Cristo, sofrida cerca do ano 30, pôde salvar os pecadores do século quarenta antes da nossa era. Salvou-os pelo esperança confusa que neles despertou. Era bem confusa, certamente, essa esperança numa misericórdia de Deus que os tiraria da sua miséria! E contudo, era na verdade a esperança da Cruz.

Mas não se trata apenas da aplicação dos frutos da paixão aos homens de ontem, de hoje e de todas as gerações. A fé diz-nos que é a própria *natureza humana* que em Cristo oferece por ela o sacrifício salutar. Devemos dizer que a natureza humana se salvou em Cristo crucificado.

A *natureza*!, que vem a ser isso? Não existe em si própria, mas apenas em indivíduos que são distintos uns dos outros e distintos de Jesus. Como poderemos nós compreender que estejamos unidos a Cristo na sua Cruz, a ponto de cada um de nós ter, de certo modo, sofrido a sua paixão?

Há quem seja tentado a conceber este mistério em termos absolutamente jurídicos. Veem-se os direitos de Deus lesados pelas nossas faltas e Deus declarar-se "satisfeito" pela reparação que Cristo lhe oferece, como se ela viesse de nós. Deus teria concedido a Cristo que nos representasse e nos substituísse no pagamento dessa dívida. Segundo esta explicação, tudo se passaria como se a paixão de Jesus fosse nossa.

Posta nestes termos, semelhante ideia mantém-nos terrivelmente exteriores a Cristo: não há da nossa parte uma verdadeira participação nos seus atos. Muitos cristãos ficam a vida inteira neste ponto. As suas relações com Cristo são as que se têm com um estranho de quem se é devedor. E aliás sem nunca saber bem por quê.

É necessário dar um passo decisivo e compreender que essas relações frias se vivificam com o amor. Quando Jesus nos aparece na sua paixão tal como o vimos, a sua *presença* torna-se-nos íntima na medida em que o seu coração palpita no nosso. O seu amor faz entrar em cada um de nós um outro eu, e nós passamos a ser dEle. Essa espécie de substituição com que Deus se declarou "satisfeito" tem por razão de ser o amor verdadeiramente divino com que Jesus veio tomar o nosso lugar. E as reparações que Ele ofereceu valem pelo amor infinito com que as fez subir até ao Pai, assim como o Pai as aceitou como válidas para nós por estarem cheias do amor de Cristo por Ele e por nós.

A meditação cristã deve ser feita neste sentido. Será sempre o amor simultaneamente divino e humano de Jesus que nos dará a chave do mistério. O seu núcleo está no Coração de Jesus. Quem achar que estas considerações são demasiado sentimentais e procurar sistemas mais sublimes ou mais rigorosos, e sobretudo ainda não banhados pelo amor de Jesus, será porque não compreendeu uma só palavra do cristianismo.

Deus não é um particular com quem tenhamos meras relações exteriores! Ele é fonte infinita de vida, amor absoluto, substancial e todo-poderoso! Pode-se falar de Cristo e pensar que Ele é Deus sem ver que os seus atos não podem ser considerados como simples pagamento de uma dívida ou como um testemunho de amor: todos eles procedem do Ser que está fora do tempo e, portanto, poderão aplicar-se ao nosso tempo; a sua ação, por ser divina, estende-se aos nossos dias e, por conseguinte, está apta a atingir todas as realidades que hoje existem.

Determinada a natureza humana desse homem que se chamava Jesus de Nazaré, que no entanto participava da infinidade divina por estar unida pessoalmente a Deus, passa a existir como que uma causa de salvação para todos os que possuem a natureza humana. Em que medida ela atua em cada indivíduo? Na medida em que este se deixa atrair pela graça divina perenemente difundida por Cristo.

Cada vez que um homem se deixa atrair por Cristo pregado no alto da Cruz eterna, incorpora-se nEle pela sua graça e é por Ele criado e recriado. Intervêm aqui três elementos, cada um dos quais pressupõe, por sua vez, os outros dois e, sem eles, seria um princípio de explicação insuficiente. Esses elementos são:

> 1.º) o *decreto* divino que fixa o plano da salvação, instituindo o Salvador como chefe do gênero humano, qual Novo Adão, e decidindo que a salvação do gênero humano não será automática, pois cada homem deverá ter nela a sua parte pessoal;

As dimensões da Cruz

2.°) a realidade profunda da *natureza humana regenerada* que subsiste em Jesus, e com a qual as pessoas devem comungar uma por uma;

3°) a *graça capital* de Cristo que se desdobra em múltiplas *graças* pessoais para assegurar e tornar efetiva a regeneração dos homens.

A paixão de Jesus é, pois, tão nossa como o próprio ato pelo qual cada um de nós nasce para a vida divina. A graça faz que nos apropriemos dela, a tal ponto que aí reside — com a ressurreição — o maior acontecimento da *nossa história pessoal*. Afeta-nos de uma maneira mais imediata do que se Cristo nos tivesse apenas *substituído* juridicamente: se Ele nos representa aos olhos de seu Pai, é porque seu Pai nos vê hoje *presentes* nEle.

A eficiência divina dos atos de Cristo atinge-nos da Cruz da mesma maneira que o servo do centurião foi curado à distância[6] e aplica-se a nós na medida em que lhe dermos a nossa adesão. A sua ação sobre as nossas almas é mais imediata — porque divina — do que a do influxo do nosso cérebro ou do nosso coração, que faz mover as nossas extremidades nervosas ou leva a vida aos nossos tecidos.

Deus deu a sua graça a Cristo *para nós*: é a sua própria graça pessoal, a graça dAquele que é a nossa Cabeça, que *se destina* a correr nos membros que nós somos. Nós e Ele formamos uma só *pessoa mística* — embora Ele seja a própria Pessoa do Verbo divino e nós continuemos a ser pessoas dotadas de autonomia. São Tomás pôde, pois, escrever: "As obras de Cristo têm para os seus membros, como para Ele, os mesmos efeitos que as ações de um homem em estado de graça têm para si próprio... É como se um homem se resgatasse de um pecado que tivesse cometido com os pés por meio de uma obra meritória operada com as mãos!"[7] Podemos ver já qual a conclusão que se pode tirar desta doutrina.

Se Cristo tivesse outrora *substituído* o homem pura e simplesmente, a dívida da humanidade estaria saldada definitivamente. Mas nesse caso poderíamos perguntar: por que temos de continuar a sofrer, se Ele já o fez por nós? Se, porém, estivermos *incorporados* nEle, cada um pessoalmente, então trata-se, segundo as solenes palavras de São Paulo, de sermos um "complemento" seu, sem o qual Ele não seria "totalmente perfeito"[8]; trata-se de "completar o que lhe falta"[9]. A sua paixão exige a nossa para ser completa. Deus quer a nossa na sua. Em troca, a nossa receberá o seu valor da sua. Teremos de unir, pela graça, a nossa paixão à de Jesus a fim de que ela se torne *para nós* a cruz redentora.

A misteriosa dimensão do "comprimento" ou extensão é, pois, aquela que eleva as medidas pessoais dos nossos dramas às outras três dimensões da Cruz de Jesus. Foi por isso que começamos por ela. Era necessário que essas outras dimensões aparecessem como um mistério pessoal, *nosso*.

A altura, ou a sublimidade divina do sacrifício de Jesus

A mais vertiginosa dessas dimensões é a altura, visto que entendemos por ela a sublimidade do sacrifício de Cristo. Evidentemente, é também segundo esta

As dimensões da Cruz

dimensão que tudo, no mistério da Cruz, adquire um sentido atual. Se a dor que hoje nos aflige é para nós um escândalo, é porque quisemos separá-la da Cruz de Jesus e, em última instância, porque perdemos o próprio sentido de Deus. O sentimento religioso diluiu-se num vago sentido do divino, numa aspiração subjetiva, sem objeto definido.

Mas Deus é Alguém, com um pensamento e uma vontade que se manifestam a respeito dos que hoje vivemos: ama-nos, revela-nos a sua vontade a nosso respeito, intervém na nossa história. Seria necessário decifrar página por página a Sagrada Escritura para nos apercebermos dessa condição de Deus. Veríamos que a sua transcendência não o mantém afastado num trono inacessível, mas, pelo contrário, lhe permite descer ao mais insignificante pormenor das nossas vidas, a ponto de contar os nossos cabelos[10]. E se veio para o meio de nós, com um corpo semelhante ao nosso, com uma alma humana, com um coração que palpita e sangra, foi para que víssemos que nos acompanha e nos ama nas nossas circunstâncias, e quer facilitar-nos que entremos em amizade com Ele.

Ora, o que foi que fizemos, em paga desse amor, senão pregar o seu corpo na Cruz, atirá-lo para o ponto mais remoto que podíamos, para fora da terra, em direção às nuvens? Todas as nossas ofensas se cifram nesse crime de espantosa ingratidão. São Pedro clama no seu segundo discurso: *Matastes o autor da vida!*[11] Mas nesse mesmo mistério não há nada que Deus não nos perdoe, desde que o queiramos. É então que brilha em todo o seu esplendor essa Pessoa divina, que em si mesma é Amor e, para conosco, misericórdia — uma misericórdia que não desiste de reconquistar a nossa amizade.

Essa amizade pede, em primeiro lugar, que não limitemos o nosso impulso para Ele à projeção confusa de uns sentimentos. Ele pede-nos um compromisso real, que se traduza num culto determinado.

Culto em *espírito*, porque Ele é Espírito, e o mais importante é a intenção dos nossos corações: a oferta do nosso amor em paga do próprio amor que Ele é e que se dá a cada um de nós.

Culto em *verdade*, e portanto em plena conformidade do que nós somos com o que Deus quer. Nós somos seres encarnados, solidários com o mundo exterior que nos esforçamos por dominar e que nos afasta para longe de Deus: o nosso culto deve, pois, empregar as coisas de modo a dirigir para Deus as nossas potências sensíveis e a mostrar o seu império sobre os nossos bens.

É verdade que demonstramos obedecer a Deus quando submetemos aos seus preceitos toda a nossa conduta, mas devemos começar por cumprir aqueles atos cuja única razão de ser é prestar-lhe homenagem. "Deus deve ser servido em primeiro lugar!" Submetamo-nos às suas prescrições, e esses ritos, que somos tentados a desdenhar e a substituir por uma oração toda interior, converter-se-ão no que há de mais importante neste mundo, porque são os atos que o nosso Deus instituiu para *entrarmos em relação com Ele*.

Depois, Deus pede que haja da nossa parte uma oferenda pela qual lhe manifestemos a nossa total dependência dEle. Mas terá o Senhor instituído na

As dimensões da Cruz

verdade uma oferenda que Ele possa acolher e coroar franqueando-nos a sua amizade?

Contemplemos como e por meio de quem se renova hoje a oferenda suprema do Calvário. Não a faz um sacerdote escolhido do meio dos homens para ser o intermediário entre eles e Deus. Quem a realiza é um Medianeiro, Jesus Cristo, em quem o homem e Deus se unem na própria Pessoa da eterna Sabedoria. Em Cristo resume-se, de certo modo, a criação inteira, coroada pela união divina; nEle reside, de modo especial, a nossa humanidade, da qual Ele é o novo Adão. Ele é o Sacerdote único; os sacerdotes nunca farão mais do que participar do seu sacerdócio, que é conformar-se com a vontade de Deus por uma obediência amorosa.

Que mistério, este da obediência de Cristo na sua paixão! Toda a obediência apresenta evidentemente um duplo aspecto: é uma *sujeição*, porque aquele que obedece recebe uma ordem e submete-se a ela, e é uma *ação*, porque nessa submissão a alma se compromete num "sim" e desse modo deixa de estar sujeita, passa a ser um princípio de vida e conduta!

A obediência vale o que valer o motivo do seu "sim". Não valeria nada se se limitasse pura e simplesmente à sujeição; e quando essa sujeição é o sofrimento e a morte, seria até perversa, pois a sujeição tende para o nada. A nobreza da obediência está na intenção pela qual se sofre, e nunca é mais nobre do que quando põe no seu "sim" uma intenção de oferenda ao próprio Deus: passa então a ser *sacrifício*. Entramos na presença de um Deus que por natureza não se sujeita a nada, que é puro *Ato*, e no entanto decide sofrer a sua paixão, submeter-se à mais horrível sujeição humana e invertê-la, convertendo--a num "sim"; em Cristo só há "sim", como nos diz São Paulo[12], um "sim" que transforma essa sujeição na mais resoluta e gozosa das suas ações.

É nesse "sim" que inserimos e damos valor ao nosso "sim", e convertemos os nossos sofrimentos humanos, que por si sós nos fecham no desespero, em oferenda a Deus. Passamos então a abraçar incondicionalmente todas as circunstâncias da nossa vida, sejam positivas ou negativas, com a mesma magnanimidade com que Cristo as acolheu e dilatou até ao infinito pelo amor infinito com que as recebeu.

Não são as desoladoras realidades humanas que, por si sós, formam o valor divino do nosso sacrifício. *Não são elas que fazem com que haja sacrifício**.

Se considerarmos rigorosamente a natureza das coisas, não foram o sofrimento e a morte que fizeram da paixão de Cristo um sacrifício; pelo contrário, foi o oferecimento dessa imolação na Cruz que lhes conferiu, como uma última extremidade do seu divino paradoxo, o valor de sacrifício. De igual modo, os sofrimentos e a morte a que todos estamos sujeitos passam a ser meios

---

* Aliás, não é imprescindível que o sacrifício seja doloroso. Se o homem não tivesse pecado, o sacrifício sem dor seria também o seu ato mais elevado. Nós encaramos as coisas de um modo demasiado materialista quando, por exemplo, nos referimos à "vítima" de um assassinato ou de uma execução e ao "sacrifício" de um objeto que se destrói, quando afinal o que constitui a vítima e o que faz o sacrifício e a imolação é a intenção em conformidade com a ordem divina que os acompanha. Essa intenção pode dar alma a um ato que não seja penoso, se Deus o pedir, se Deus o aceitar.

A própria palavra "imolação" não devia evocar uma condenação à morte, mas uma consagração, isto é o ato de pôr de parte só para Deus os bens que lhe oferecemos, e a sua aceitação por parte de Deus.

As dimensões da Cruz

de união com Deus: realizam as núpcias eternas de Deus com a humanidade, com cada um de nós.

Transformamo-nos então na multidão dos irmãos[13], filhos adotivos no lar da Trindade. Oferecendo a Deus, em união com Cristo, os sofrimentos que a vontade divina nos proporciona, *assemelhamo-nos a Jesus na sua morte*[14], e por isso reconhecemos "a eficácia da sua ressurreição"[15]. O amor divino é suficientemente rico para, até ao fim dos tempos, poder inverter e abrir num sacrifício que nos "diviniza" o sofrimento de "todos os que obedecem a Cristo"*.

A profundidade, ou a redenção do pecado

Não julguemos que, com o que acabamos de ver, medimos já toda a profundidade da Cruz. Ela consiste na profundidade da nossa própria miséria, à qual Jesus desce. Ora a Cruz revela-nos, precisa e imediatamente, uma profundidade mais terrível do que o sofrimento e a morte. Se Jesus sofre e morre, fá-lo para nos tirar do pecado. Esta verdade, mais ainda do que todas as outras, parece-nos um exagero. Seremos capazes de dizer sinceramente que o pecado é o maior de todos os males?

Nós não saudamos a Cruz como o prisioneiro que vê com alegria abrir-se a sua cela, porque não é com sinceridade que nos confessamos prisioneiros. Normalmente,

---

* Estas palavras são as últimas de um texto de Hb 5, 7-9, de que já citamos uma passagem, e que é a seguinte: *Nos dias da sua vida terrena, oferecendo, com grande brado e com lágrimas, preces e súplicas Àquele que o podia salvar da morte, foi atendido pela sua reverência, e, embora fosse filho de Deus, aprendeu a obediência pelas coisas que sofreu; e, consumado, tornou-se a causa da salvação eterna para todos os que lhe obedecem.*

não compreendemos bem de que coisa Jesus nos liberta, nem de que maneira o faz. Por isso, a Cruz não é a nossa esperança e os nossos sofrimentos continuam a não ter sentido.

É que não fazemos uma ideia suficientemente elevada de Deus: não nos damos conta de que o pecado é uma ofensa ao Altíssimo. Mas, no fundo, também não fazemos uma ideia suficientemente nobre de nós próprios: não apreciamos em todo o seu valor a liberdade que perdemos quando pecamos — um poder tão grande que Deus se ofende com o mau uso que dele fazemos![16]

A escravidão do pecado

Evidentemente, nunca chegaremos a fazer a menor ideia do que é o pecado se concebermos o homem como uma pequena máquina feita para gozar e vencer. Neste caso, só poderemos dizer que fizemos uma *asneira* ao pecar: tomaremos consciência dela e procuraremos consertar da melhor maneira possível o estrago que causou! Da próxima vez, a experiência há de obrigar-nos a ter mais cuidado para não cairmos na mesma estupidez. Mas não iremos além.

A ideia do pecado parece-nos arbitrária, porque pressupõe a ideia de uma lei que obriga a nossa consciência; ora nós não admitimos outra lei que não a do sucesso. A única coisa que interessa é conseguir sempre mais. Quanto a qualquer outra lei, é simplesmente abusiva. Esse Deus que não quer que se coma uma maçã! Que mal real haverá em infringir semelhante proibição caprichosa? E eis que essa falta se chama pecado e exige

As dimensões da Cruz

como expiação os nossos sofrimentos e os de Cristo, terrivelmente reais!

Perdemos, pois, o sentido daquilo que faz a grandeza da raça humana; deixamos de sentir que o mais importante para o homem deve ser abrir-se, para além do agradável e do útil, ao Bem em todo o seu valor *absoluto*. O nosso grande drama está em atraiçoar esse Bem, ou por procedermos contra a sua atração, ou por, mais radicalmente ainda, deixarmos de senti-la. Eis-nos construindo o nosso destino no meio de coisas transitórias!

O animal, que é capaz de escolher entre duas coisas, limita-se a comparar entre si bens sensíveis, vistos nas suas características particulares; escolhe aquele que mais o atrai. Só o homem (logo abaixo do anjo) *julga* os bens, no sentido próprio da palavra, examinando-os com um olhar de amplitude infinita.

Assim, a questão mais importante de todas para o homem deve ser o cuidado em não deixar reduzir a qualquer coisa de limitado a norma absoluta com a qual julga os bens, e depois agir segundo essa determinação. É nesse ponto, perfeitamente secreto e puro, em que faz a sua escolha que reside toda a sua nobreza. Os interesses em causa podem ser enormes, mas não são nada comparados com o interesse com que uma alma permanece infinitamente aberta ao bem. Isso é que é incomensurável.

Há, por um lado, uma capacidade de infinito e, por outro, algo que é finito, por mais respeitável que seja. Se o homem, aberto ao bem infinito, se fecha sobre um bem finito, comete uma indignidade que é a medida do envilecimento da sua suprema nobreza. Não nos admiremos, pois, de que a repercussão seja infinita. Uma alma aberta ao infinito está destinada ao infinito; se falta a esta exigência íntima, atenta contra o infinito. E já que a ordem das coisas que ela infringe é obra da sabedoria divina e resultado da ação providencial de Deus, o seu ato é uma desobediência à ordem divina. Como Deus não é um vago princípio abstrato, mas um amor pessoal, esse ato é uma ofensa ao amor infinito.

Não há dúvida de que Deus, incorruptível por natureza, não é atingido pelo pecado no seu próprio ser, mas é-o na ordem que Ele estabeleceu e que o mau ato perturba; é-o no mais íntimo da alma humana, nesse desvio de si própria em que ela se comprometeu. Sim, é no mais íntimo de si que a alma ofende a Deus e se volta contra si própria para se lançar sobre coisas finitas com toda a veemência de um apetite que só o infinito seria capaz de satisfazer.

Não há servidão mais tremenda do que essa adesão da alma a um bem indigno de si. Evidentemente, importa que o homem conquiste e conserve as suas liberdades exteriores, aquelas liberdades de que faz uso nas instituições da sua vida social e nas suas atividades individuais de toda a espécie, pois não é puro espírito. Mas por acaso não teremos já sentido, de maneira mais ou menos confusa, graças até às coações exteriores que suportamos, que a grande questão — a única — é a liberdade da nossa alma?

Muitos de nós nos lembramos do mês de maio ou de junho de 1940, em que, confundidos no rebanho dos vencidos, levados não sabíamos para que escravatura,

As dimensões da Cruz

esgotadas as forças e a esperança humanas, dizíamos para conosco: "Chegou o momento de sermos almas livres!" Onde está essa liberdade irredutível? Onde é que ela se lança ao mar, aos espaços que nada neste mundo pode fechar?

A liberdade não está na possibilidade de irmos e virmos à nossa vontade, porque se pode ir para toda a parte e ter alma de escravo; eis-nos prisioneiros e, no entanto, no íntimo da nossa alma livre, escapamos aos nossos guardas enquanto eles nos conduzem.

Não está também no orgulho, porque sentimos que, se nos considerássemos qualquer coisa de muito elevado, acrescentaríamos à nossa prisão física as cadeias da mentira, precisamente no ponto por onde deveríamos evadir-nos.

A liberdade está num juízo que ninguém nos pode impedir de fazer, e que, quanto mais justo é, mais longe nos leva; temos que libertá-lo — para sermos mais profundamente verdadeiros — das sinceridades superficiais ditadas pelas nossas paixões.

Mas sentimos que não se trata de uma liberdade especulativa. A liberdade interior é uma libertação total da alma: o que importa, o que está em causa, é o nosso comportamento segundo a verdade; se votamos o nosso coração ao mal, não somos almas livres!

É nisso que reside tudo o que interessa verdadeiramente ao homem. Nada tem valor senão em relação com essa liberdade. O mal por excelência é a perda dela. O "pecado" consiste precisamente na traição a essa convicção profunda. E o que nos faz estremecer é que essa escravidão é ainda mais profunda do que o nosso consciente. Pode-se dizer, de um modo geral, que quem menos se apercebe dela é quem lhe está sujeito. Que há de mais transparente aos outros e menos evidente aos olhos do indivíduo do que a autossuficiência orgulhosa e cega?

Mas geralmente notamos essa servidão pelos seus efeitos em nós: manifestam-se pela tristeza, pelo remorso, pelas perversões da vontade, por uma incompreensão das realidades espirituais e repugnância por elas, e às vezes até por perturbações psíquicas. O pecado arraigado perturba o raciocínio e acaba por declarar excelente a própria perversão pessoal. Numa alma que não é mais que um fervilhar imundo de fezes, nem mesmo se pode dizer que haja remorso.

Que grandioso mistério o da Cruz de Jesus, se a sua eficácia se exerce precisamente nesse ponto perfeitamente secreto em que a alma comete as suas ações irredutivelmente *pessoais*, em que se arrisca a deixar-se aprisionar, em que talvez já esteja presa sem o saber! Que grandioso mistério, se o sangue de Cristo se derrama sobre ela nesse ponto e tem o poder de romper a sua horrível solidão, de a abrir! Eis como nos vai aparecer a virtude da Cruz. Há nela algo tão maravilhoso que é na nossa libertação que se resumem todos os efeitos da Cruz, sob o termo global de "redenção". Redenção significa resgate de cativos. Nós estávamos "vendidos ao pecado"[17]. Cristo crucificado restituiu-nos o uso da nossa liberdade*.

---

* Para contemplarmos melhor este mistério, temos de observar mais a fundo a escravidão em que o pecado nos lança. É uma escravidão que deixa sequelas, mesmo depois de passado o ato deplorável que nela nos lançou. Poderíamos dizer que, tendo nós o poder de nos darmos, temos também o de nos reavermos.

A libertação através de Cristo crucificado

Alguns maus intérpretes da doutrina cristã fazem crer que Deus é uma espécie de Moloch sedento de vingança[18]. Apresentam-no como um credor inexorável que exige sofrimentos atrozes para compensar a ofensa que lhe foi feita. Chegam até a pretender que Deus, irritado pelo pecado que via em Cristo, já que Cristo o tinha tomado sobre si, o castigou com a condenação eterna, e que foi nela que consistiu a agonia do Jardim das Oliveiras e o abandono de que Jesus se queixou na Cruz. Concepções horríveis e infantis! Não existe nada disso na verdadeira doutrina da Igreja.

Mas cautela: na nossa reação contra semelhantes concepções sinistras, também não fazemos um conceito muito elevado de Deus. Ignorar as exigências da sua santidade é reduzir o Altíssimo à nossa medida. Deus não é bonacheirão. É a santidade infinita que quer fazer justiça.

Eis-nos novamente em presença da ordem que, perturbada pelo pecado, reclama atos de expiação por parte

---

Reconheço – diz o pecador – que me aviltei, mas nem por isso deixo de ser senhor de mim. E esse juízo que persiste em mim tem um caráter absoluto. Estou portanto preso a ele. São Gregório diz, com muita acuidade, que a alma pecou "no que tem em si de eterno" (*Diálogos*, livro IV, cap. 44. Citado por São Tomás, 1 a 11 ae, 9. 87, a. 3.).

Santo Atanásio vai ao ponto de ver no nosso poder de pecar uma verdadeira tendência para regressar ao nada, uma tendência que só a intervenção divina pode sustar (L. Bouyer, *L'Incarnation et l'Église: Corps du Christ dans la théologie De Saint Athanase*, Cerf, 1943, pág. 36.). Com efeito, quando nos tomamos a nós próprios como fim último, para onde tendemos senão "para o nada que seríamos sem Deus"? Procuramos a exaltação "daquilo que há em nós de exclusivamente pessoal", mas isso não passa do não-ser. Pode-se, pois, dizer que a morte e a dor entraram no mundo pelo pecado, com a sua tendência para o nada.

do pecador. Mas não vejamos neste princípio apenas uma simples exigência da justiça. Exigir do pecador que expie a sua falta é ao mesmo tempo uma manifestação da bondade divina, porque, ao fazer-lhe essa exigência, lhe concede simultaneamente o que constitui o seu mais íntimo desejo: voltar para Deus. Em Deus, a justiça baseia-se na misericórdia e assim se conciliam nEle a justiça e a bondade.

O pecador é, portanto, chamado à honra e alegria de expiar as suas faltas. Se a sua alma se abrir à expiação, há de querer compensar com um generoso dom de si mesmo o ato pelo qual se vendeu. Esta "satisfação" que ele deve pagar tem, pois, dois aspectos correlativos que, longe de se oporem, se atraem um ao outro: por um lado, o seu valor procede do desejo de uma reparação adequada; por outro, leva o pecador a reentrar de todo o coração na ordem objetiva das coisas que violou, e desse modo a inserir-se novamente no plano de amor de Deus

"Desejo de uma reparação adequada", sim. Mas como consegui-la? O pecador, abandonado aos seus próprios meios, não tem como reparar de maneira condigna uma ofensa feita ao próprio Deus. É um devedor insolvente[19]. É então que se manifesta, luminosa, a misericórdia de Jesus.

Jesus é um de nós, um homem no meio de nós, e como é Deus em pessoa, os seus atos humanos têm para o resgate do pecado o valor infinito que os nossos não podem ter. A sua obediência e o seu amor compensam a nossa desobediência e o nosso orgulho porque são

As dimensões da Cruz

de um homem como nós; e compensam-nos infinitamente porque são do Deus-Homem. O infinito dos seus atos é de uma ordem muito superior àquela de que somos capazes: nós podemos apenas tender para o infinito, ao passo que Ele é o próprio infinito feito homem. Deste modo, os nossos pecados só têm uma espécie de infinito na intenção e no desejo de reparar, ao passo que a reparação do Filho do homem tem um valor infinito em si.

Se considerarmos a humanidade de Cristo, a fórmula da sua reparação é complexa. São Tomás não diz pura e simplesmente: "Cristo satisfez por meio dos *seus* sofrimentos", porque só por si o sofrimento não tem valor. Inversamente, também não diz, como certos autores modernos: "Ele satisfez *sofrendo*", como se os seus sofrimentos fossem apenas uma ocasião para atos reparadores que seriam puramente espirituais. O que São Tomás diz e nós devemos dizer com ele é: "Cristo satisfez pelo sofrimento de uma morte voluntária *oferecida por caridade e por obediência*"*.

O valor dos seus sofrimentos está, pois, nas disposições da sua vontade livre — as únicas que podem reparar o pecado, que é um ato livre; está na obediência à vontade divina inspirada pelo amor de Deus e dos homens que ela resgata, em oposição às transgressões da ordem divina, inspiradas pelo orgulho, que lançaram

---

* *Suma Teológica*, parte 3, 9. 48, a. 2. Na sua paixão e morte na Cruz, Cristo sofre de maneira divina toda a espécie de dores; sofre por causa de todas as dores dos homens, que a sua visão profética lhe permite adivinhar e que o seu amor por eles o faz sentir como suas; sofre-as com uma generosidade que se diversifica segundo a totalidade das linhas em que se desenvolve a malícia dos homens: as suas torpezas sensuais, as suas covardias, a sua avareza, as suas perfídias, as suas crueldades...

os homens na escravidão. Neste sentido, os sofrimentos humanos de Cristo são *perfeitamente* adequados para resgatar os nossos pecados.

O discípulo de Cristo devia meditar hoje sobre esses sofrimentos, como fez com tão proveitosa assiduidade durante os últimos séculos da Idade Média, ouvindo o Cristo piedoso ou o Cristo crucificado dizer-lhe: "Por causa do teu orgulho e da tua vanglória, da tua sede de mandar, a minha coroa é de espinhos. Por causa da tua gula, tenho sede e experimento o sabor do meu próprio sangue e os escarros dos soldados. Por causa dos cuidados voluptuosos que tens com a tua pele, arrancam-me a túnica que está colada às chagas da minha flagelação..." É assim que devemos pormenorizar os atos de reparação que Cristo oferece por nós.

Deus confere um valor divino aos atos humanos de Cristo, no seu duplo aspecto de sofrimento suportado e de intenção voluntária, de tal maneira que, se por um acaso impossível nenhum de nós os quisesse aceitar e abrir-se à graça que esses atos obtêm para nós, mesmo assim a reparação ter-se-ia realizado: em Jesus, a humanidade, a nossa lamentável humanidade, tornou a entrar na ordem, participando novamente da vida divina. Mais ainda: foi elevada a uma ordem superior, visto que passa a amar a Deus com a obediência e o amor infinitos do Redentor.

E este é o segundo aspecto da "misericórdia reparadora de Cristo". Jesus não está sozinho na Cruz; em certo sentido, está com cada um de nós, na medida em que nos deixamos mover e atrair pela sua graça; o seu "sim" obtém o nosso e com isso devolve-nos a

As dimensões da Cruz

liberdade de amar. Mistério de liberdade, nEle como em nós! A graça vem da cruz para nos libertar, até nos confirmar num espírito de príncipes[20].

Será que, com a libertação que nos traz, Cristo nos força e nos seduz acenando com vantagens mercenárias, livrando-nos dos sofrimentos inerentes ao comum dos mortais que não vivem em palácios? Isso seria tratamento de escravos, no próprio ato em que nos foi restituída a nossa nobreza! Por isso a graça age em nós por assim dizer *indiretamente*: a sua obra consiste em permitir que livremente tornemos a amar o bem divino, e que o amemos eficazmente, de maneira a sermos capazes de modificar a nossa vida: é por isso que Deus não nos suprime o sofrimento.

O amor de Deus brilha muito mais na aceitação das contrariedades, do sofrimento e da morte, do que na alegria. Bem-aventuradas dores deste mundo, que já não são uma escravidão, mas meios de libertação pessoal! Nelas a alma mostra, mais generosamente, a sua verdadeira liberdade. Recebendo a graça que emana da Cruz de Cristo, já não põe o seu ideal naquela espécie de liberdade que consiste apenas na ausência de obstáculos exteriores[21], mas na única liberdade digna de nós enquanto vivemos no mundo: a liberdade interior da alma, que já pode correr ao encontro do Deus do amor, do sumo Bem.

A largura, ou a amplidão do mérito de Cristo

Podemos agora concluir, em poucas palavras, que a Cruz de Jesus abarca todas as realidades humanas. O pecado corrompe tudo; a Cruz, que é o seu remédio, cura tudo. Mas a graça não é apenas reparadora: eleva à ordem divina. Eleva toda a realidade humana à ordem divina.

A palavra "mérito", que algumas pessoas não gostam de ouvir, é uma maneira rápida de designar esta realidade espantosa: todas as nossas graças e toda a glória de todos os santos do paraíso — dos santos que já lá estão e dos que lá hão de entrar até ao dia do Juízo final e no dia desse mesmo Juízo —, toda essa imensa realização de vida que levará tantos séculos a completar-se — quantos ainda, meu Deus? —, essa prodigiosa *largura* e essas inumeráveis ramificações desse rio de luz, através de tanto sangue e de tantas lágrimas — tudo o que na atividade dos homens está chamado a ter um valor eterno —, todo o esplendor dos novos céus e da nova terra —, tudo isso *está* em Cristo que morre na Cruz.

Cristo tem todas as graças necessárias a todos os filhos de Deus. Ele vê-os distintamente pela sua ciência de visão e pela sua ciência infusa. Ama cada um deles de um modo pessoalíssimo, tal como amou João, Lázaro, Madalena ou Maria, sua Mãe. Derrama sobre todas essas almas a caridade de que o seu coração é a fornalha ardente. Dá por elas a sua vida, e fá-lo não como se dá a vida por uma causa, mas em virtude dessa união de graça que nos *inclui* nEle, que o entrega a nós.

Podemos completar agora as razões que explicam a prodigalidade dos sofrimentos do Verbo feito carne: essa prodigalidade corresponde, sem dúvida, à transcendência da sua divindade, à veemência do seu amor, à malícia dos pecados que expia e à tragédia da nossa

As dimensões da Cruz

história. Mas vai infinitamente mais longe: abre-nos à *amizade* com Deus.

Sabemos que, na amizade, o que vale é a própria amizade. Sentimo-lo nas nossas amizades terrenas: um pequeno favor tem um mérito enorme aos olhos de um amigo, se for o testemunho de uma afeição sentida; uma ação difícil, que se adivinha ter sido realizada por interesse, em vez de provocar agradecimento, aborrece. Por maioria de razão, isso acontece na amizade com Deus, que é o próprio Amor. Assim, os sofrimentos de Jesus são o testemunho do amor infinito com que Ele mereceu para nós todas as graças; são *condições* sem as quais esse amor não alcançaria toda a sua medida.

Por isso devemos acrescentar que não foram só os sofrimentos de Cristo que nos abriram à amizade com Deus: todas as circunstâncias da sua vida foram veículo para nos resgatar e abrir-nos à amizade com Deus: Jesus nasceu para nos merecer as graças do nascimento espiritual; viveu na intimidade do lar de Nazaré para merecer a mansidão para os lares cristãos; foi pobre para merecer para os verdadeiros pobres a pobreza espiritual.

Podemos dizer que todas as particularidades da vida de Cristo são "sacramentos" que orientam as graças cristãs no sentido preciso que essas particularidades nos indicam. E como fica a paixão de Cristo? No plano da salvação, tal como Deus o quis, a paixão devia rematar todas as graças que os atos anteriores de Cristo nos mereciam. Todos esses atos estavam-lhe subordinados, só por ela eram plenamente o que eram, fecundados como estavam por essa subordinação ao sacrifício do Calvário. Uma vez que as condições em que temos de viver a nossa vida de filhos de Deus são dolorosas, todas as graças de que precisamos para lhes fazer face devem, por assim dizer, ser retificadas segundo o modelo da Cruz.

Contemplemos, pois, os braços abertos de Jesus sobre a Cruz, abarcando, pela "satisfação" e pelo "mérito", tudo o que na humanidade tem um valor eterno. Com uma última precisão, tudo é resgatado no Coração de Jesus e tudo aí vive da vida divina e se oferece em sacrifício ao Pai. Resta apenas que essa plenitude se manifeste no decurso dos séculos pelas múltiplas obras dos homens regenerados, do mesmo modo que os ramos dão folhas, flores e frutos por causa da seiva que lhes é fornecida pela cepa. Para cada um de nós, será essa a nossa obra. Aos olhos do Pai, tudo está já no seu Filho crucificado.

Nascemos na Cruz e da Cruz. Fomos elevados à condição de filhos de Deus no Calvário, fomos adotados como filhos no Filho no próprio instante em que o crucificamos. Todo o ser realiza-se pela fidelidade ao princípio que comandou a vida de Cristo. Nós devíamos continuar sempre na intimidade com Cristo na sua paixão e Cruz, mas também na sua vida oculta e na sua vida pública. Tendo nEle a nossa origem, nEle encontraremos o sentido da nossa vida, não só dos nossos sofrimentos e da nossa morte, mas dos acontecimentos da nossa vida de todos os dias. Abrir-nos-emos à amizade com Deus, haja ou não sofrimento.

A cruz do cristão

Nós completamos o que falta à paixão de Cristo

Santo Hilário interpreta de uma maneira insólita a oração do Senhor no Jardim das Oliveiras: *Afasta de mim este cálice.* "Cristo — pensa Santo Hilário — não pede que lhe seja poupado o cálice, mas que essa prova se estenda a outros. Reza pelos que devem sofrer depois dEle, e é como se dissesse: assim como eu bebo o cálice da minha paixão, assim os outros o bebam, sem desfalecimentos, sem medo da dor, sem receio da morte"[1].

Exagero de um grande Doutor da Igreja, dirão alguns. E, na verdade, essa interpretação contradiz o texto evangélico no seu sentido literal: na realidade, o Senhor exprimia um desejo da sua natureza sensível, à qual repugnavam o sofrimento e a morte. Mas é uma interpretação que encerra uma verdade magnífica. É bem a de um Padre da Igreja muito próximo ainda dos mártires.

Que visão essa, a do cálice que Jesus faz passar de geração em geração, depois de ter adquirido para todos forças para o beber, e depois o lança "o mais longe possível", até ao fim dos tempos! Não é que Cristo nos envie o sofrimento do qual, sem Ele, estaríamos isentos. Pelo contrário! O sofrimento é a herança que, proveniente do mundo, a graça de Cristo permite transformar numa participação da sua Cruz.

Há infelizes cuja fé vacila nas provações. O sofrimento torna-os verdadeiramente *insensatos*, visto que os faz renegar Cristo: sem Ele, esse sofrimento não tem sentido, porque é o único que lho dá: um sentido admirável.

Não se pode, pois, dizer que o cristianismo seja uma religião da dor, no sentido de que foi ele que a trouxe ao mundo, onde nos convida a encará-la como um valor positivo. Mas é a única verdadeira religião da dor, porque é a única que a transfigura.

Muitos contemporâneos nossos, tal como certos pagãos antigos, revoltam-se contra esta doutrina, porque preferem uma mística de exaltação do homem. Mas o Galileu há de vencê-los. Eles tropeçarão na dor. Mergulharão, como Nietzsche, na loucura, ou reconhecerão um dia que toda a mística que não encontre o sentido do sofrimento e da morte é inútil. É nisto que consiste, precisamente, a pedra de toque de todas as místicas.

Depois de termos estudado Cristo na sua Cruz, vejamos qual é o sentido que Ele dá à nossa.

A cruz brutal, castigo do pecado

Cristo revelou-nos que o sofrimento e a morte são consequência do pecado. Isto não quer dizer, de maneira nenhuma, que este ou aquele sofrimento sejam precisamente consequência dos pecados pessoais dos que sofrem e, portanto, proporcionados à malícia desses pecados. Seria uma ideia simplista, judaica, que Cristo contradisse expressamente[2]. Mas a *massa* dos sofrimentos a que a humanidade está sujeita é efeito da prevaricação dos homens.

A cruz do cristão

Sem a revelação, nada saberíamos a esse respeito. O nosso espírito, quando abandonado às suas próprias luzes, não vê nos sofrimentos e na morte mais do que efeitos das inumeráveis causas que intervêm neste mundo corruptível. E a fé responde: é assim, na verdade, mas o homem tornou-se um joguete dessas fatalidades e desses acasos por ter pecado, e, quanto mais peca, mais se entrega ao jogo das forças que o fazem sofrer. Uma vez que usou da sua liberdade para perturbar as suas relações com a ordem estabelecida por Deus, não deve admirar-se com o que há de desordenado nos contragolpes que recebe.

As injustiças particulares que o escandalizam pela desproporção que julga ver entre a culpa de cada um e a parte que lhe cabe no castigo comum, são aplicações inelutáveis de uma lei que é justa: como o pecado é a desordem radical, é justo que o desenrolar dos seus efeitos seja a própria desordem. O homem submeteu-se aos "elementos do mundo"[3], que antes da queda não o prejudicavam. Não pode exigir que Deus restabeleça, para seu proveito, por meio de uma infinidade de milagres, a ordem que ele perturbou. Victor Hugo sentiu isso profundamente na sua dor:

Vós não podeis ter inesperadas clemências
que perturbam o mundo, ó Deus, tranquilo Espírito![4]

Mas é necessário considerar dois aspectos para que observações como essas alcancem o seu sentido exato.

Em primeiro lugar, ainda que o castigo não esteja em proporção com a culpa de cada um de nós, nem por isso deixamos de ser culpados. O pecado original, enquanto não for remido — pelo Batismo real ou de desejo —, assume em nós o caráter de um pecado, embora não o tenhamos cometido pessoalmente, porque é, no fundo, uma perversão da natureza humana.

A humanidade não é bela. Uma pessoa que saiba meditar um pouco encara com severidade a conduta dos outros, que aliás não valem menos que ele, assim como o faz com uma parte já morta do seu próprio passado, durante o qual nem sequer se sentiu descontente de si. A história pública ou privada é uma teia de incontáveis malícias. E cada um de nós, se for lúcido, sente-se culpado, mesmo que não esteja à altura de medir a virulência da sua malícia. Disse alguém: "Não sei como é a consciência de um criminoso, mas conheci a de um homem de bem, e assustei-me".

A massa dos sofrimentos que pesam sobre a humanidade aparece-nos, em conjunto, como o justo castigo dessa *massa de pecado* que é a sua realidade mais radical. E ninguém, nesse conjunto, se pode julgar injustamente castigado. *Se alguém tiver a pretensão de se julgar sem pecado, é um mentiroso e a verdade não está nele*[5]. *O justo peca sete vezes por dia*[6], e sete é um número que significa uma plenitude.

Ora, devemos acrescentar — e é este o segundo aspecto que importa considerar — que essa massa de sofrimentos só aparentemente é que não tem nada a ver com o destino de cada um. Victor Hugo não vai além do cego desencadear das leis físicas, que nos despedaçam. O seu Deus está muito longe de nós, no seu céu:

...para lá da esfera das nuvens
no seio desse azul imóvel e adormecido...

Mas, na verdade, o Deus de amor exerce o seu governo atento ao mais pequeno pormenor, nos jogos da necessidade e do acaso. Se deixa esmagar o justo e o injusto, se faz brilhar o seu sol sobre bons e maus[7], no entanto, distingue secretamente cada castigo, que parece estúpido, segundo as diferentes disposições daqueles que o padecem, segundo o destino eterno a que os convida.

> "O mesmo fogo — observa Santo Agostinho — faz brilhar o ouro e fumegar a palha; o mesmo malho rasga o colmo e poupa o grão; o azeite e a borra não se misturam ao escorrerem, embora seja uma só a prensa do lagar. De idêntico modo, o mesmo cadinho experimenta, purifica, funde no amor as almas virtuosas, e condena, arruína e aniquila as ímpias"[8].

Depende de cada um de nós que as nossas penas sejam um castigo puro e simples ou que, pela graça de Cristo, se transformem na cruz que nos há de salvar.

Os infelizes que teimam na sua revolta ante o sofrimento deviam ter consciência de que são contradições vivas. A desordem que os faz sofrer é para eles um escândalo. E isso por quê? Simplesmente porque não conseguem abafar a imperiosa necessidade que sentem — no meio das coisas procuradas com um afã tão absoluto e desordenado — de uma ordem superior, que é neles um sentimento inato e do qual têm uma consciência íntima, imediata: o apelo da fidelidade ao melhor de si próprios.

Aí sentem que o homem tem por onde escapar à desordem do mundo; sentem que, embora de maneira enigmática, é impossível não estarem em relação com Deus, ainda que o desconheçam. Por pouco sinceros que sejam, sentem que as suas queixas blasfemas contra a desordem procedem de qualquer coisa de desordenado neles próprios.

Com efeito, penso que não é possível encontrar em toda a literatura revoltada um trecho que não ranja e não faça caretas. Neste dado do sentimento interior está sem dúvida a razão verdadeiramente decisiva pela qual a infelicidade devia deixar de constituir um escândalo — um escândalo que, por exasperar o amor-próprio[9] tem por tendência natural levar novamente o pecador ao pecado — e ser um "apelo para as alturas".

A cruz salutar

Mas a graça da Cruz opera ocultamente nas almas que sofrem.

Chamamos-lhe a cruz brutal. Mas, quando a *tomamos*, torna-se simplesmente a cruz que salva. Podemos, em parte, esquivar-nos a ela; podemos, principalmente, recebê-la contra a nossa vontade. A questão verdadeiramente importante, que transforma completamente a nossa sorte, está em aceitá-la, em a tomarmos e caminharmos vergados ao seu peso *em seguimento dos passos de Cristo*. Eis o que a graça nos permite fazer.

A graça foi feita para as almas que sofrem. Estas é que são as suas privilegiadas. Visto que Cristo se fez semelhante a elas, elas pertencem-lhe. O paradoxo da redenção chega a este ponto: o sofrimento, quanto mais duro — ou, por outras palavras, quanto mais afasta a sua vítima para as regiões da desordem e da dessemelhança —, mais aproxima do *estado* de Jesus redentor. Como é isto possível? Que há no próprio sofrimento que permita esta inversão?

Parece-me que podemos ver a questão em dois planos.

Se o que a fé apreende imediatamente é que a dor é o castigo do pecado, no entanto a ordem normal das coisas exige que um castigo seja para bem daquele que o padece. *Deus não quer a morte do pecador, quer que ele viva*[10]. E vimos já que a razão disto está em que Deus é o bem soberano, que quer fazer participar todos os seres da sua bondade e que realiza a sua glória exterior através do próprio bem deles. A malícia do pecador apenas lhe deixa ver o aspecto aflitivo do sofrimento, uma espécie de começo do inferno. Não deixa, contudo, de ser verdade que a misericórdia de Deus o ordena, pela virtude do seu Cristo, para a salvação dos que o padecem.

A própria estrutura do sofrimento humano apresenta, por assim dizer, uma afinidade com o mistério de Cristo. O mistério da dor evoca a ideia de um poder infinito. Os antigos viam na infelicidade uma ação pessoal dos deuses, que se apossavam do homem e o manipulavam a seu bel-prazer. Há aqui uma certa analogia com o que se passou com Cristo, que, sem deixar de ser Deus, assumiu por vontade do Pai a condição humana para ser entregue às mãos dos homens e concluir a sua obra por meio da dor! Agora, quando nos aproximamos de um ser humano que sofre, vemos nele um ser à imagem do Crucificado, mesmo que o amaldiçoe.

Se compreendermos isto, já não desprezaremos como mero resultado de um cálculo interesseiro a conversão dos que sofrem. É fácil dizer dos que sofrem que procuram no pensamento da recompensa futura uma compensação para as suas desgraças atuais; que esperam, enquanto estão neste mundo, ter consolações espirituais, uma vez que perderam as que o mundo lhes dava; que têm medo do inferno ou se resignam por terem perdido a capacidade de resistência. São visões defeituosas, embora em muitos casos desempenhem um papel importante no caminho para uma conversão verdadeira.

Mas há ainda outro alcance para o sofrimento: o de uma *prova* com que Deus purifica e eleva uma alma. Despojada de todas as mentiras, a vida fica agora reduzida ao "sim" essencial finalmente dito à verdade. A dor deixa de ser então um castigo e é uma ocasião para aperfeiçoar todas as virtudes e sobretudo para testemunhar a Deus um amor mais generoso: é uma oferenda. Torna-se claro que, tanto no cristão como em Cristo, o que opera essa inversão é o "sim" dito a Deus do fundo do coração, por ação da graça. A alma ultrapassa o que sente, o que quer, o que se verifica no seu interior, para contemplar pela fé o mistério que nela se realiza por misericórdia divina.

Não julguemos pelas aparências. Respeitemos o mistério que bem pode estar em vias de realização. Há

A cruz do cristão

motivos para pensar que muitos sofrimentos nunca são transformados na cruz salutar, neste mundo em que tanto se sofre. A visão profética dos sofrimentos perdidos contribuiu certamente para aumentar a angústia do Senhor durante toda a sua vida, na sua agonia e na sua Cruz. Nessa visão de todos os que sofrem com o coração amargo e duro, a sua impressão de abandono por parte de Deus atingiu um dos seus paroxismos. Mas a graça da Cruz transformou em menos de um segundo, sem que disso nos dessemos conta, o sofrimento infernal do desespero, da revolta, da obstinação, num bem-aventurado purgatório.

Deus é misericórdia infinita, e é à luz desta certeza que devemos encarar os casos mais sombrios. Não há dúvida de que, onde nós só vemos maldade, Deus vê em muitos casos fraquezas que separam dEle uma pobre alma, impedindo-a de se comportar aos olhos dos mortais como uma alma remida por Cristo. Mas, no fundo, não as separam dEle, visto que não passam de compreensíveis reações negativas à dor. As testemunhas que podem julgar a verdade — os anjos e os bem-aventurados, a Mãe de misericórdia, o próprio Deus — veem, com certeza, em muitas dores que nos parecem desesperadas, o "sim" de uma secreta candura.

Não julguemos. Uma vez que o sofrimento é o estado de Cristo no mundo e se identifica portanto com Ele, e a graça é a de um Crucificado, e os desígnios de Deus são misericordiosos, podemos sempre esperar que se opere uma alquimia nos que sofrem, mesmo nos casos em que tudo nos mostre apenas uma vida repleta de obras de morte. Guardemos um santo respeito pelos juízos de Deus, receemos a maldade humana, ofere-çamos o sacrifício redentor para que santifique tantas vítimas que não se oferecem, abramos mais ainda os nossos próprios sofrimentos à graça de Cristo: eis as únicas conclusões justas, eficazes, que a nossa angústia nos deve fazer tirar. E contemplemos com uma fé pura o mistério do sofrimento humano.

A dor é, repetimos, uma participação na Cruz de Jesus. Porque, se estamos unidos a Cristo, o seu mistério renova-se em nós; esse mistério é a ressurreição pelo sofrimento e pela morte. Basta reler os textos de São Paulo: *Estou crucificado com Cristo. Eu vivo, mas já não sou eu: é Cristo que vive em mim*[11]. *Se morrermos com Ele, também com Ele viveremos; se sofrermos com Ele, também com Ele reinaremos*[12]. *Trazemos sempre no nosso corpo a mortificação de Jesus, para que também a vida de Jesus se manifeste nos nossos corpos. Porque nós, que vivemos, somos continuamente entregues à morte por amor de Jesus, para que também a vida de Jesus se manifeste na nossa carne mortal*[13].

Estes textos não precisam de comentário. O sentido do sofrimento em união com Cristo é perfeitamente claro. "Podemos gozar antecipadamente da beatitude prometida, de uma maneira certa e segura — proclama São Leão Magno —, quando participamos da paixão do Senhor"[14].

Afirmação arrojada, sem dúvida. Mas devemos acrescentar: *não há outro caminho*. A nossa salvação está na Cruz de Jesus, e nós só participaremos dessa Cruz se tivermos também a nossa. São Paulo previne-nos: *É através de muitas tribulações que devemos entrar no reino dos céus*[15]. Querer participar da vida de Cristo e conservar

A cruz do cristão

um ideal de facilidade, de gozo, é uma traição que fazia chorar o Apóstolo Paulo. Os que procedem assim *são inimigos da cruz de Cristo.*

Para nos tornarmos *herdeiros de Deus, co-herdeiros de Cristo,* é necessário que *soframos com Ele*[16]. Pois *não é o servo maior que o seu senhor*[17], e o que se cumpriu em Cristo deve reproduzir-se no cristão. Devemos assemelhar-nos à sua morte[18]. *Ai de vós, os que estais saciados, porque gemereis e chorareis*[19]. Os felizes deste mundo *já receberam a sua recompensa*[20]: não tendo participado durante o tempo de prova no mistério do sofrimento de Cristo, ouvirão Cristo glorioso dizer-lhes: *Não vos conheço*[21].

Devemos, pois, concluir com São Tomás, o menos dolorista dos Doutores: "Os que não conhecem a dor não são filhos de Deus. Não experimentam as provações humanas, não serão flagelados com os homens. E isso é como um sinal de eterna condenação"[22].

Compreendamos bem o ponto de equilíbrio desta grande doutrina. Não devemos retirar nada do que dissemos acerca do caráter odioso da dor. E eis que ela nos aparece como uma bênção! *Bem-aventurados os que choram!*[23] A Cruz de Cristo transformou a maldição do sofrimento numa bênção tal, que a ausência da cruz se converte numa "cruz da ausência"[24] — da ausência do Deus que ressuscita os mortos. São Paulo escreve, pois, ousadamente aos Filipenses: *Porque a vós vos é dado por amor de Cristo não somente que acrediteis nEle, mas também que sofrais por Ele*[25]. Se a obra de Cristo for em nós até esse ponto, teremos uma das suas características mais divinas. Tal é o poder de Cristo ressuscitado.

Vimos já que o sofrimento tem a capacidade de desempenhar um papel redentor. Vejamos agora como é que o desempenha, sem esquecer, no entanto, que esse papel será sempre obra da graça: os elogios que se lhe fazem no cristianismo nunca são um elogio à própria dor, mas a Cristo que opera nela, à sua Cruz. Este contraste entre o aspecto odioso da dor e o seu papel redentor não é uma contradição; no primeiro caso, consideramo-lo sem Cristo; no segundo, admiramos a obra de Cristo. Terá extraordinárias consequências para o comportamento humano que todo o caráter benfazejo da dor resida nesta ação de Cristo.

Cabe a Deus medir a nossa cruz como mediu a de Cristo! E Ele encarrega-se disso. A sua solícita Providência vela para que essa cruz nunca nos falte e para que corresponda à vocação pessoal que temos em Cristo. Recebê-la-emos, pois, segundo as disposições que a graça nos conceder. Talvez sejamos apenas capazes de uma resignação viril, que atenue o desânimo e a amargura, mas como seria melhor que a recebêssemos com o entusiasmo inteiramente sincero de um Santo Inácio de Antioquia, que ia suspirando por ela na sua derradeira viagem a Roma para ser martirizado! Devemos alimentar continuamente na nossa alma, pela meditação assídua da paixão de Cristo, o *gosto* pela cruz, no qual devemos crescer, como veremos, em busca de uma espécie de *castidade da dor*: assim foi exatamente a dor de Cristo na Cruz. Nem mais, nem menos.

Isto não significa que aumentemos arbitrariamente a nossa cruz e menos ainda a dos nossos irmãos. Não devemos inventar sofrimentos que não sejam pedidos

A cruz do cristão

por Deus. Como é frequente cairmos em contradição! Juntamente com a nossa rebelião ante as cruzes reais, arcamos com uma série de cruzes imaginárias que afinal se devem ao nosso orgulho, ao excesso de sensibilidade, à imaginação sempre pronta a ver agravos onde não existe qualquer intenção de ferir-nos. Não é em nós nem no nosso sofrimento, real ou imaginário, que devemos pôr os olhos, mas em Jesus, *autor e consumador da nossa fé*[26]. Não façamos tragédia com a nossa história. Neste mundo corrompido pelo pecado, cabe-nos receber a nossa cruz sem nos esquivarmos a ela, sem a complicarmos, sem a refinarmos, mas segundo a exata medida traçada por Deus para nos assemelhar a Cristo.

Sejamos humanos, não tenhamos a pretensão de não sentir nenhuma repugnância pela cruz. O Senhor, mesmo quando pedia que passasse dEle o cálice da paixão, sabia que a vontade de seu Pai era que Ele o bebesse. E o seu pedido estava de acordo com essa santa vontade, uma vez que a sua repugnância estava de acordo com a natureza humana que assumira com o decreto da encarnação do Verbo.

Em nenhum momento houve em Cristo contradição ou conflito entre esses dois aspectos. A sua oração no Horto terminou com o pedido de que se cumprisse nEle a vontade de seu Pai. De acordo com a sua natureza sensível, sentia repugnância pela Cruz, por ela ser dolorosa; mas nesse mesmo instante a aceitava como o único meio para a nossa redenção.

Não era, pois, considerada sob o mesmo aspecto que a Cruz era repelida pela sua sensibilidade e aceita pela sua vontade, e por isso não houve nEle nenhuma verdadeira contradição. É da máxima importância que o Senhor nos tenha dado o exemplo desta distinção, que Santo Hilário não foi capaz de ver. Santo Agostinho põe na boca de Cristo estas palavras tão humanas: "Contempla em mim a tua imagem: bem vês que podes querer pessoalmente uma coisa, ainda que Deus queira outra".

Na angústia que nos é causada pela cruz, esforcemo-nos, pois, por imitar o Salvador, para que a nossa repugnância não prejudique em nada a firmeza com que a superamos; transponhamos essa repugnância com um *fiat* — faça-se — magnífico. Não tenhamos a pretensão de ver obrigatoriamente na cruz apenas a vontade de Deus que no-la faz aceitar: essa vontade é a primeira a permitir que sintamos uma repugnância espontânea pelos sofrimentos que comporta.

Sejamos também humanos para com os outros que sofrem. Nunca lhes preguemos levianamente a resignação e o abandono. Aceitação não é passividade. O que se aceita é a vontade de Deus, não o mal. *A cruz é um combate*. É dever do doente procurar curar-se por todos os meios possíveis. É nosso dever ir ao encontro do homem que sofre, tal como ele sofre. Nunca olhemos de alto ou de longe qualquer sofrimento alheio. Desçamos até essa dor com um afeto cheio de interesse fraternal e de divino respeito — até pela dor mais repulsiva ou pela mais vulgar, por essa que somos tentados a achar banal. Não há nenhum sofrimento banal.

A multiplicação dos sofrimentos é semelhante ao alastrar-se de uma fogueira que, longe de tornar indiferente qualquer chama, lhe comunica uma ação ainda mais terrível. Como pôde um sacerdote responder a uma mulher infeliz: "A senhora não é a única mãe que corre o risco de perder o seu filho! Quantas não haverá hoje nas mesmas condições!..." Se em tudo é necessário um conhecimento bem *real* e não apenas teórico, não há nada que exija um realismo mais atento do que a cruz, pois todo o sofrimento é um *caso particular*: o que salva aquele que o experimenta é encontrar a compreensão afetuosa de uma alma que o acompanha até ao fim.

Nunca digamos a um doente, para o sossegar ou para o "consolar" com duas palavrinhas: "Isso vai!" ou "Isso vai melhor!" ou "Isso vai lindamente!" ou "Hoje você está com muito melhor aspecto!"[27]

Deus quer que aliviemos os nossos irmãos, e não que os abandonemos às suas dores com o pretexto de que elas devem santificá-los. Eles só serão santificados se os socorrermos: o Senhor conta conosco para que as penas do nosso próximo se transformem num jugo suave e numa carga ligeira.

A diversidade das cruzes

Nenhum cristão, como Cristo, recebe a cruz diretamente de Deus. A graça só produz a cruz quando encontra *o mundo*. A causa da cruz, quando não é banhada pela graça, é o mundo. A expressão "o mundo é que causa a cruz" só muito longinquamente tem o sentido que São João lhe atribui: "concupiscência dos olhos, concupiscência da carne e orgulho da vida". Mas no fundo é tudo isso, na medida em que é humano, e quando não o é — como no caso de um vendaval ou um desmoronamento de rochas que leva de roldão a nossa casa —, se sofremos, é porque fomos feridos pelo pecado. No estado de justiça original, não teríamos sofrido.

No entanto, há dois casos que à primeira vista parecem faltar à lei da Cruz: as mortificações voluntárias e as provações místicas. As primeiras, porque a pessoa inflige a si própria penas que vão além das que lhe são impostas; as segundas, porque não vemos muito bem qual o papel que nelas possa desempenhar o mundo pecador.

Quanto às mortificações, não constituem nenhuma exceção à regra, e é precisamente a sua sujeição a essa regra geral que as torna virtuosas. Há duas espécies das mortificações santas: as que nos impomos por penitência, no sentido estrito da palavra, para expiação de determinadas faltas que foram cometidas, ou, no sentido lato, para combater as más inclinações da nossa natureza pecadora; e as que sofremos por puro amor de Deus, por uma necessidade de lhe testemunharmos esse amor.

Umas encontram a medida objetiva nos pecados cometidos ou nas inclinações que contrariam: castigamo-nos e reduzimo-nos à escravidão[28] a fim de nos tornarmos mais dóceis à graça; crucificamos a nossa carne com os seus vícios e as suas concupiscências[29]. As outras recebem a sua medida da própria graça (devidamente controlada), que as exige: convida-nos a entregar-nos a Deus como *hóstias vivas, santas, agradáveis*[30]. Neste último caso, o mais extremo, ainda se pode aplicar a definição da cruz: ela é, na verdade, uma reação da graça sobre o

A cruz do cristão

mundo. O amor, estimulado pela graça, não aspiraria a um sacrifício doloroso se não estivesse encarnado numa natureza passível de sofrimento e pecadora, tal como o mundo a fez.

Quanto às provações místicas, têm por causa evidente, na maior parte das vezes, qualquer impureza da natureza corrompida. É até caso para ver se São João da Cruz não as explica todas assim, mesmo as mais espirituais. Geralmente, representam esse purgatório ardente dos apetites desregrados que a mortificação voluntária e as provações exteriores não conseguem destruir. Quanto mais a alma caminha com simplicidade, menos necessita delas; o trabalho faz-se nela como por encanto, sem todo o seu aparato trágico.

Mas, além da purificação, as provações místicas têm outro sentido: o de elevar a alma a certos graus da união divina. Neste caso, o mundo pecador só muito remotamente aparece como causa da cruz: na medida em que essa alma não sofreria essas provas sobrenaturais se não estivesse sujeita ao pecado comum dos homens. Mas o que se passa com as provações místicas é que por elas a graça de Deus concede uma eminente conformidade com Cristo crucificado pelo mundo. Este mistério verifica-se em toda a sua pureza na "copaixão" da Imaculada.

Então Cristo traz-nos a cruz? Já dissemos que a cruz nos vem do mundo, e que Cristo a transfigura. Mas agora parece-nos que a vida cristã é uma ocasião para cruzes com que a própria graça faz certas almas participarem nos sofrimentos redentores. Nesse caso, afinal de contas, não terão os cristãos que sofrer mais do que os infiéis?

Como parece ter razão aquele pároco de aldeia que exclamava: "Seríamos tão felizes se não fôssemos cristãos!" É como se o ouvíssemos enumerar as paixões de toda a espécie que alegravam a vida dos seus paroquianos, e que a ele lhe eram vedadas pela obediência à lei de Cristo. No plano totalmente prático e na ordem da felicidade relativamente exterior em que se colocam, os inimigos de Cristo não têm razão: aceitar a Cruz de Jesus não é aumentar, e sim diminuir, sem qualquer dúvida, o total dos sofrimentos.

Esta é a pura verdade, sobretudo em relação aos amigos mais íntimos de Cristo. "Meu Deus — dizia Santa Teresa com o seu humor característico —, não é bom ser um dos vossos amigos, porque os atormentais de um modo maravilhoso". As excepcionais empresas dos grandes santos provocam a perseguição dos maus e a contradição dos bons; a Providência apresenta a esses homens obstáculos externos sem conta; o demônio coliga-se contra eles, e as provações interiores torturam-nos até aos confins do desespero. É este o espetáculo que nos oferece a vida dos santos. Ora eles garantem que essas cruzes os aliviam, são *maravilhosas...*

A novidade contínua da Cruz

Do *mundo*, sobre o qual a graça reage, vem à Cruz uma belíssima propriedade, que é a sua renovação contínua. As circunstâncias são sempre novas. Provocam cruzes que fazem reverdecer a de Cristo.

A cruz do cristão

Estamos em situações diferentes das dEle, temos outro temperamento, outras forças, outras fraquezas. Cristo não foi o pai de família intimado a pagar impostos sem saber de onde tirar o dinheiro, e que vê os filhos com fome. Não foi a mãe atormentada pela ideia de que tem um filho valdevinos, nem o leproso com quem os seus amigos evitam todo o contato, nem o sinistrado que recolhe dos escombros do seu lar os restos dos entes queridos despedaçados pelas bombas...

Mas Ele identificou-se com todos os que sofrem, para lá das possibilidades humanas ordinárias, e isso na sua própria humanidade, a fim de sofrer como sofrem os homens: padeceu dores análogas, e de uma maneira mais atroz, e sentiu as dores que nós suportamos num coração que as tornava suas pelo conhecimento profético e pela sua caridade universal. Assim, *Ele mesmo carregou com as nossas dores*[31]. Sofreu-as divinamente.

Porém, cabe aos homens vivê-las em toda a sua diversidade, de acordo com o caráter particular de que se revestem para cada pessoa, e por meio das quais a graça faz amadurecer novos frutos. Nenhum sofrimento é redutível ao de outro, porque deriva de uma vocação pessoal. Estes dois mistérios correspondem-se.

Contudo, os nossos destinos irredutíveis entre si, e irredutivelmente novos, estão virtualmente em Cristo, como a atividade dos membros está na cabeça que a dirige, como o desabrochar do sarmento está na cepa da vinha. Cabe aos membros agir, aos ramos dar as suas folhas. A cabeça tem necessidade dos membros e a cepa tem *necessidade* dos ramos: uma e outra sentem-lhes a falta, pois de outro modo não se elevarão à sua plenitude.

Só Deus conhece a vindima que espera da sua vinha. A Ele cabe dirigir o mundo e fazer ramificar a sua graça para a mais bela alegria dos celeiros celestes. A nós cabe-nos confiar nEle e dizer-lhe: "sim". A alma que sofre sabe que, enquanto sofre, está ocupada em *servir*. Desempenha uma função em que ninguém a pode substituir, sem a qual Deus não a teria criado nem posto em determinada situação. Cristo precisa dos cristãos para realizar alguns aspectos admiráveis de si próprio, que não teve ocasião de fazer o seu Pai contemplar nos anos da sua vida mortal. Esses cristãos são para Ele, nas suas cruzes e pelas suas cruzes, "os mais insubstituíveis dos seres".

Ocorreu-me muitas vezes exprimir esta ideia com as célebres palavras de Santa Elisabeth da Trindade: nós somos para Cristo "uma humanidade suplementar em que Ele renova todo o seu mistério". Mas a palavra suplementar não é suficientemente forte[32]. Um suplemento não é necessário. São Paulo fala mais audaciosamente de um *complemento*, o "pleroma" de Cristo, graças ao qual Cristo atinge a sua plenitude. *Eu agora alegro-me nos sofrimentos por vós, porque completo na minha carne o que falta ao sofrimento de Cristo pelo seu corpo, que é a Igreja*, diz o Apóstolo aos Colossenses[33]. E fala aos Efésios da Igreja como corpo de Cristo, "o complemento do que não é totalmente perfeito senão com a totalidade dos seus membros"[34].

"Pelo seu corpo que é a Igreja"

Reparemos na expressão de São Paulo que acabamos de citar: "pelo seu corpo que é a Igreja". São palavras

A cruz do cristão

que dão, inesperadamente, uma nova abertura ao sofrimento, a mais ampla de todas. Visto que nos torna semelhantes a Cristo, pois nos faz participar do mistério da sua ressurreição pela sua paixão e Cruz, o sofrimento permite-nos completar "o que falta a Cristo", não só em nosso proveito pessoal, mas em proveito dos outros. Cristo é essencialmente o Salvador. A sua paixão tem uma virtude universal. A sua grande lei é o "novo mandamento", o "seu mandamento"[35] por excelência, que nos manda amar os nossos irmãos como Ele próprio nos ama: com um amor sacrificado, um amor redentor. Se a "sua morte opera em nós", ela frutifica em vida nos outros[36]: *Tudo sofro* — diz São Paulo — *por amor dos escolhidos, para que também eles consigam a salvação que está em Cristo Jesus, e a glória celeste*[37]. É este o ponto mais fundo, ou, se se prefere, o mais alto do sofrimento cristão. Crucificados com Cristo, temos a certeza de contribuir com Ele para o resgate da humanidade.

Somos os *colaboradores de Deus*[38]; ora a sua obra no mundo é a salvação dos homens pela sua paixão: devemos concorrer para ela. A "copaixão" da Santíssima Virgem associa-se à própria fonte, numa comunhão perfeita de corações, que só é possível à Imaculada Conceição e que é realizada pelo seu *faça-se* ininterrupto desde a anunciação até ao Calvário. Deste modo, a sua "copaixão" tem, na ordem inferior e participada em que se integra a atividade de uma criatura humana, um alcance *igual* ao da paixão divina. Maria foi chamada "Corredentora".

No nosso caso, a eficácia da nossa "copaixão" é restrita. A sua medida vem-lhe da nossa generosidade pessoal; mais profundamente: da nossa graça, da nossa vocação, afinal. Qual será, pois, o nosso espanto, quando, ao chegarmos ao céu, descobrirmos que esta ou aquela provação por que passamos neste mundo e que tanto nos tinha desconcertado e nos incitara à revolta, não se explicava, realmente — como no caso de Jó —, por qualquer falta que tivéssemos cometido, nem sequer como um meio para o nosso particularíssimo progresso sobrenatural, mas pela generosidade de Cristo redentor que nos associava à sua obra! Que alegria, quando conhecermos lá no céu esses santos ignorados cujos sofrimentos nos ajudaram a salvar a nossa alma!

Somos colaboradores de Deus, mas não acreditamos, nunca acreditamos como devemos, na realidade daquilo que a nossa ação traz à obra de Deus. Estamos integrados desde toda a eternidade no plano divino, como verdadeiros complementos de Cristo, por meio dos quais Ele renova todo o seu mistério, e sem os quais não resgata todos os que devem ser resgatados. A lei da comunhão dos santos é de tal maneira *estrutural* na humanidade regenerada que podemos ter a certeza, quando sofremos, de que as nossas penas não nos são impostas apenas para a nossa própria salvação, mas para a dos nossos irmãos, para a santidade comum da Igreja.

Esta atitude de fé deve evidentemente traduzir-se na ordem prática. De que maneira? *Oferecendo pelos outros os nossos sofrimentos.* A graça nunca cai sobre nós sem nos sugerir que a façamos recair sobre outrem. Só nos santifica se continuar o seu curso para além de nós.

Amai-vos uns aos outros como eu vos amei[39], isto é, espalhai sobre os vossos irmãos o amor que desce do Pai sobre mim e de mim sobre vós; não deixeis estancar essa efusão da misericórdia divina que Eu reparto por vós tendo em vista as misérias de todos os homens. A graça que transforma a vossa cruz na cruz salutar convida-vos a ser seus instrumentos para que essa mesma obra se realize nos vossos irmãos. Carregai com os fardos deles, pois *assim cumprireis a lei de Cristo*[40] e tornareis mais leve e fácil o vosso.

Eis as palavras que, com maior ou menor clareza, todas as almas cristãs devem ouvir nas suas provações, e as que, graças a Deus, ouvem todas as almas de boa vontade.

> "Josefina Butler viu um dia esmagar-se a seus pés a sua pequena Evangelina, que deslizara pelo corrimão das escadas para chegar mais depressa ao regaço da mãe. E a partir desse dia o amor sem objeto do seu coração orientou-se para os seres mais degradados da sociedade, as pobres mulheres perdidas. Jeanne Garnier--Chabod, tendo perdido aos vinte e quatro anos os seus dois filhinhos e o marido que amava apaixonadamente, criou, depois de anos e anos de luta interior, no meio de dificuldades sem conta, a obra das Damas do Calvário, para os incuráveis, à qual se consagrou inteiramente. A Madre Henri do Sagrado Coração, depois de dois meses de felicidade e de dois anos de viuvez, pois seu marido fora morto na guerra, tornou-se servidora dos pobres sob o manto das Irmãzinhas da Assunção. Conheci pessoalmente — acrescenta a senhora Ancelet-Hustache, que conta estes exemplos no seu belíssimo livro *Lueurs sous la porte sombre*[41] — uma mulher de grande coração que fundou uma casa para crianças anormais: a ideia de

se consagrar a essa obra surgiu-lhe depois da morte do filho e de outros grandes desgostos". — E uma mulher que sofreu muito observa: *"Na verdade, é só dando-nos aos outros que podemos recomeçar a viver"*[42].

É necessário colocarmo-nos neste ponto extremo para julgarmos a Cruz. É aqui que ela adquire todo o seu sentido. Enquanto virmos no sofrimento apenas a sua ação destruidora, o seu sentido divino escapa-nos, e, portanto, também não têm sentido as queixas que dirigimos a Deus por essa causa. Quanto mais meditamos sobre a Cruz, mais ela nos aparece como um mistério de generosidade.

Fala-se de "resgate", e vimos já que é com toda a razão, uma vez que éramos escravos e fomos resgatados por bom preço[43]. Mas o que mais nos deve impressionar é que Deus tenha ordenado tudo de tal maneira que não pagássemos o nosso resgate do nosso próprio bolso. Foi Cristo que, através da sua graça, nos entregou a quantia necessária para recuperarmos a nossa liberdade, e entregou-a despertando em nós as mais nobres qualidades de serviço ao próximo.

Pobre alma que te escandalizas com o teu sofrimento ou com o dos outros, compreendes verdadeiramente o que desejas quando sonhas com uma humanidade livre da dor?

Primeiro, esqueces-te de que Deus não criou uma humanidade para sofrer, que foi ela que se perdeu com o mau uso da sua liberdade, aumentando todos os dias o seu sofrimento com os pecados que comete.

Depois, quando censuras Deus por nos ter criado com a capacidade de cair, não reparas que isso é a condição necessária da nossa nobreza. Não é que a liberdade consista, evidentemente, no poder de fazer mau uso dela, mas inclui-o. Quando, na eterna glória, ela se orientar, com alegre impulso, apenas para o bem, a sua retidão impecável só terá valor por ter feito a escolha certa numa prova cheia de riscos, por ter sido a confirmação de um bem livremente escolhido quando podia ter escolhido o mal.

Por último, esqueces que Cristo é tão generoso que nos resgata fazendo apelo à nossa generosidade. Cada um de nós recebe as graças que lhe permitirão recomeçar o mistério de amor e de dádiva que é o dEle. Esta é a razão pela qual temos de enfrentar o sofrimento e a morte que nos atingem pessoalmente e aos outros. E isto, se escandaliza os que querem continuar a ser escravos e se fecham ao sentido espiritual da liberdade, é para as almas livres motivo de admiração, de agradecimento, de louvor: compreendem a cruz não só como o meio pelo qual manifestam ao Pai um amor tanto mais gratuito quanto mais rigorosa ela for, como dão ao Filho essa humanidade complementar que o completa, consolam-no na sua agonia e na cruz que com Ele partilham — e contribuem para libertar as outras almas!

Cabe à nossa liberdade, ao nosso amor, transformar o castigo dos escravos em testemunho de amor dos filhos. Virá um tempo em que todas as lágrimas se secarão. Virá um tempo em que nos tocará receber. Por agora, o sofrimento e a morte permitem-nos apenas *dar*.

Na verdade, a Cruz — a de Jesus e a nossa são uma só —, essa loucura e esse escândalo são "sabedoria de Deus"[44]. Sabedoria que é amor. Admiremos, adoremos, e partamos para a nova vida!

A fé e os sacramentos da fé

Depois desta visão geral sobre o mistério, vejamos quais são os meios de que dispomos para o realizar. São Tomás resume sempre esses meios em duas palavras: "a fé e os sacramentos da fé".

A fé, isto é, a adesão pessoal a um dom que temos de aceitar livre e voluntariamente. Mas visto que essa adesão ultrapassa infinitamente a nossa capacidade, é preciso que os próprios mistérios de Cristo venham até nós para operarem na essência das nossas almas a sua obra de vida: são os sacramentos da fé*.

Quanto aos sacramentos, a sua razão de ser e a sua necessidade estão no *excesso* com que Deus nos ama. Sozinhos, reduzidos aos nossos recursos humanos, nada podemos fazer[1] para realizar o nosso destino de filhos de Deus. Isso se dá sobretudo em relação ao

---

* São Tomás, muito próximo ainda, pelo seu espírito, da época patrística e dos doutores do século XII, não limita a expressão "sacramentos da fé" aos sete sacramentos propriamente ditos: designa os próprios mistérios do Verbo Encarnado, que são como super-sacramentos, cuja virtude eficaz nos é transmitida pelos sete sacramentos propriamente ditos e por todo o culto cristão. Devíamos redescobrir este fortíssimo sentido da eficácia santificadora dos atos de Cristo. Devíamos contemplar sempre as ações humanas do Deus-Homem como veículo de penetração do divino na nossa humanidade e prolongamento que nos permite receber a sua virtude através dos ritos que no-las transmitem. Devíamos compreender também a semelhança que existe entre os atos de Cristo e os nossos atos sobrenaturais. Num e noutro caso, o homem realiza visivelmente um mistério que o ultrapassa e que tem uma eficácia invisível. Morre um homem oferecendo-se na Cruz em sacrifício, e o que ele faz é qualquer coisa de infinitamente maior que não se vê: a aliança mística de Deus com a humanidade; é o que acontece, por exemplo, quando comungamos: ao comermos uma coisa que tem a aparência de pão, recebemos as graças dessa aliança.

sofrimento, exatamente no que ele tem de escandaloso, pois no sofrimento vemos que somos ultrapassados. Sentimos que somos os atores de um drama em que não temos a última palavra, que é a nossa salvação ou a nossa perdição e, em qualquer dos casos, a nossa transformação, sem que saibamos como, em quê e por quê. Os sacramentos dão-nos a chave deste enigma.

Mas os sacramentos revelam-nos ainda uma nova etapa de que não podíamos suspeitar: a da nossa divinização. É por isso que os chamamos "sacramentos de fé", na medida em que são mistérios sobrenaturais, aos quais só temos acesso pela fé. Mas também são testemunhos da nossa fé, aumentam-na, e é na medida dela que produzem efeito em nós, tal como um alimento só aproveita na medida do apetite.

Estas observações manifestam claramente o papel primordial da fé, de modo que será mais apropriado falar primeiro dos sacramentos e depois da fé: esta ordem, como se verá, convém mais ao nosso propósito.

Os sacramentos

Trata-se exclusivamente dos sete sacramentos da Igreja. Só muito imperfeitamente os fiéis sabem que eles procedem da Cruz e por ela nos fazem chegar os seus frutos. Esta ideia era familiar aos cristãos da Antiguidade e da Idade Média, que viam brotar da chaga do lado de Jesus, sob a forma da água e do sangue, todo o complexo sacramental.

Os sacramentos são, pois, sacramentos da Cruz, visto que, praticamente, a nossa fé encontra o seu objetivo em

Cristo crucificado*. É preciso que a nossa vida seja em tudo assinalada pelo sinal da Cruz. Se em tudo é afetada pelo pecado, em tudo tem necessidade de redenção. Por conseguinte, os sacramentos, sacramentos da paixão e da morte de Jesus, devem intervir em todos os passos da vida cristã.

Isto quer dizer que os sacramentos nos obrigam a sofrer? Sim e não. Não, porque a sua principal ação é precisamente suprir pela virtude da Cruz de Jesus a insuficiência das nossas cruzes. E sim, porque não são ritos mágicos: exigem a nossa cooperação. Não significam apenas o mistério de Cristo, mas esse mistério tornado nosso, e convidam-nos a realizar o que representam. Muitas vezes não produzem em nós os seus frutos de graça porque julgamos que nos dispensam de carregar a nossa cruz. A verdade, porém, é que só nos tornam conformes com Cristo crucificado se não falta em nós a generosidade de querermos ser crucificados na medida em que Ele o julgar necessário.

O Batismo e a Confirmação

Não sabeis que todos quantos fomos batizados em Jesus Cristo fomos batizados na sua morte?[2], pergunta São Paulo aos Romanos. O antigo simbolismo da imersão mostrava esta sepultura mística muito melhor do que a infusão de hoje. O nosso nascimento para a vida nova só pode ser uma *configuração com a morte de Cristo*, como diz o

---

* *E a vida com que vivo agora na carne, vivo-a na fé do Filho de Deus, que me amou e se entregou a si mesmo por mim (Gl 2, 20). Porque julguei que não devia saber coisa alguma entre vós, para vos pregar, senão Jesus Cristo, e este crucificado (1 Cor 2, 2).*

Apóstolo aos Filipenses[3], visto que essa morte nos dá a vida. São Tomás, comentando São Paulo, tem estas palavras: "Como um ramo que é enxertado na planta, nós somos enxertados na paixão de Cristo"[4]. E ainda: "O homem é posto na cruz por Cristo, e é o batismo que o consegue"[5]. Trata-se de uma morte espiritual, da morte para o pecado: o pecado original é remido e, com ele, todos os anteriores pecados pessoais do adulto. A partir daí, o batizado fica *crucificado com Cristo*[6] e é chamado a viver de acordo com essa realidade. E será uma mentira viva se não crucificar em si *o homem velho*[7] *com as suas paixões e concupiscências*"[8].

Por que o Batismo, apagando o pecado, não apaga também os efeitos do pecado — essas "feridas" de malícia, de ignorância, de fraqueza e de concupiscência? Porque vão obrigar o cristão a um *combate* e permitir-lhe assim sair vitorioso. Por que esses sofrimentos e essa morte? Porque, graças a eles, o cristão vai reproduzir o mistério de Cristo. Do Batismo recebe o "caráter", isto é, uma participação indelével no sacerdócio de Cristo, que é o Sacerdote universal e oferece em nome dos homens o sacrifício da Cruz; o batizado torna-se semelhante a Cristo, porque pode oferecer os seus sofrimentos em sacrifício para completar o que falta à paixão do Senhor, para alcançar a sua redenção e a dos seus irmãos.

Nós somos o campo de batalha em que prossegue "o duelo entre a morte e a vida" que tem por desfecho a admirável vitória da Páscoa. Há um aspecto perfeitamente interior nesse duelo: é o confronto íntimo entre a graça e o pecado. Mas esse duelo tem também um aspecto social, que consiste no que o mundo exterior

A fé e os sacramentos da fé

nos faz sofrer por Cristo, não só por recebermos pura e simplesmente os seus golpes, mas também porque o atacamos para dilatar o reino de Deus. Toda a vida é expansiva, e o mesmo se passa com a vida cristã, visto que ela é em nós a própria vida de Cristo, e nós somos chamados, como Cristo, a purificar o mundo.

Ao "caráter"* do Batismo acrescenta-se, pois, o da Confirmação, que nos faz participar do sacerdócio de Cristo, precisamente na medida em que, pelo sacrifício da Cruz, Cristo sai vencedor do mundo. Portanto, estamos perfeitamente equipados. Quando o nosso sofrimento provém da oposição dos pecadores, devemos contar com a graça da fortaleza a que nos dá direito a nossa configuração com Cristo militante e vitorioso. Adquirimos o caráter daquele que "venceu o mundo": é a graça do sacramento da Confirmação ou Crisma[9].

A Eucaristia

Como todas as vidas, a vida cristã implica uma função de nutrição para reparar as forças e fazer crescer. A Eucaristia é exatamente esse alimento: a Missa é um banquete. Cristo comunicou aos homens o poder de

---

* Assim explica o Catecismo da Igreja Católica o caráter sacramental do Batismo, da Confirmação e da Ordem: "Os três sacramentos do Batismo, Confirmação e Ordem conferem, além da graça, um *caráter* sacramental ou «selo», pelo qual o cristão participa no sacerdócio de Cristo e faz parte da Igreja segundo estados e funções diversas. Esta configuração com Cristo e com a Igreja, realizada pelo Espírito, é indelével, fica para sempre no cristão como disposição positiva para a graça, como promessa e garantia da proteção divina e como vocação para o culto divino e para o serviço da Igreja. Por isso, estes sacramentos nunca podem ser repetidos" (n. 1121) (N. do E.).

tornar presente entre nós, sob o simbolismo de uma refeição, a realidade *permanente* do seu sacrifício. Esta realidade, que o seu poder divino subtrai às leis do tempo e do espaço, quis Ele que aparecesse entre nós sob a forma de um sacramento. Sacramento do seu sacrifício, sacramento que realiza esse mesmo sacrifício*.

Um sacramento *realiza* o que significa, e a Eucaristia significa não uma ação transitória, como a de purificar uma alma pelo Batismo, mas o próprio corpo de Cristo entregue por nós, o seu sangue derramado para remissão dos pecados. Ele di-lo formalmente: esse corpo e esse sangue estão presentes na celebração do sacrifício da Missa. E estão separados, em estado de imolação: são o próprio sacrifício da Cruz.

Quanto à relação entre a Missa e o Calvário, parece à primeira vista que se apresenta a mesma dificuldade que vimos já a respeito da relação entre os nossos sofrimentos e os de Cristo. Por que continuamos a sofrer, perguntamos nós, quando Cristo já pagou por todos os pecados dos homens? Esta dificuldade fez duvidar Lutero e Calvino, que pensaram que o cristão já não tem de apresentar, pela sua vida pessoal, realizada em "obras", qualquer contribuição para o seu resgate. Pela mesma razão perguntamos agora: por que a Missa, se a Cruz de Cristo é o único sacrifício mais que suficiente, e se realizou de uma vez para sempre?

---

*   Pode-se ver que, fiel a São Tomás, não separo, como hoje se ensina correntemente, a Eucaristia como sacrifício (a Missa) e a Eucaristia como sacramento (a comunhão). A Missa é sacrifício sob uma forma sacramental. Só é realmente sacrifício porque é o sacramento do sacrifício de Cristo, por força da instituição da Quinta-Feira Santa. Cfr. Dom Vonier, *La chef de la doctrine eucharistique*, Lyon, L'Abeille, 1942.

A fé e os sacramentos da fé

Pretender completá-lo, supri-lo de qualquer modo, parece absurdo e blasfemo.

A estas duas dificuldades, tão semelhantes, somos tentados a responder, nos mesmos termos, com o princípio paulino de que a "plenitude" de Cristo está toda nEle, essencialmente, radicalmente, desde a sua vida mortal, mas só se realiza quando se torna explícita nos fiéis que dela participam. Este princípio é válido, como dissemos, para os nossos sofrimentos, que nele encontram o seu último sentido. Mas a Eucaristia confere-lhe uma nova dimensão.

Pela Missa — e pela comunhão, que é a maneira mais completa de participar da Missa —, o sacrifício do Calvário converte-se numa realidade de todos os dias e lugares, *inserida na vida de cada um*. É precisamente à diversidade das nossas necessidades que Cristo responde instituindo entre nós, sob a forma da Santa Missa, essa permanência, essa identificação da nossa vida com a da sua paixão redentora.

Na Eucaristia, são particularmente os nossos sofrimentos, tão dessemelhantes em diversos aspectos, que se tornam todos participantes do sofrimento de Jesus. Graças a ela, a nossa fé e o nosso amor já não têm que estabelecer penosamente a ligação entre os nossos padecimentos e os de Cristo, que foi crucificado em determinado momento da história e que, pelo santo sacrifício do altar, se tornou intemporal; é-nos fácil referir o nosso sofrimento pessoal ao próprio Cristo crucificado, presente aqui e hoje. Mais, a nossa fé sabe que no íntimo da nossa alma, para lá de todos os esforços que se façam, se opera a junção do sofrimento do cristão com a imolação de Cristo, de uma maneira tão real e mais íntima do que a de um pedaço de pão assimilado pelo organismo.

A Eucaristia é um alimento mais forte do que a pessoa que o come. A nossa morte é absorvida pela vida que esse alimento nos traz. E, além disso, se comungamos no sacrifício de Cristo, os sofrimentos, que nos separam uns dos outros, comungam nele uns com os outros; esmagam os grãos que somos, para preparar o Corpo místico de Cristo. A participação no seu Corpo real mistura e faz levedar toda essa massa.

A Ordem e o Matrimônio

É necessário que Cristo organize o seu Corpo místico. Um sacramento, o da Ordem sacerdotal, faz dele uma Igreja; e outro sacramento, o do Matrimônio, santifica a célula fundamental da sociedade civil. Os poderes que o sacramento da Ordem confere em relação aos membros do Corpo místico dependem dos que concede em relação ao Corpo real de Cristo no sacrifício da Missa. O sacramento do Matrimônio transforma a união do homem e da mulher numa participação nas núpcias eternas de Cristo com a sua Igreja, realizadas na Cruz.

O "caráter" conferido pelo Batismo e o que é reafirmado e fortalecido pela Confirmação são já participação no sacerdócio de Cristo. Mas o sacramento da Ordem faz do homem que o recebe um outro sacerdote cristão, a ponto de lhe permitir realizar sacramentalmente o

A fé e os sacramentos da fé

sacrifício de Cristo. Assimila os homens ao caráter de Cristo-Sacerdote.

Mas devemos acrescentar que, assim como Cristo é ao mesmo tempo sacerdote e vítima, o sacerdote deve imolar-se a si próprio para oferecer dignamente Cristo. Cristo pede-lhe imediatamente essa imolação, fazendo-o "ser comido" pelas almas. "O sacerdote é um homem susceptível de ser comido pelos fiéis", dizia o padre Chevrier. Estranho o contraste, que é no fundo uma conformidade, entre esta frase do padre Chevrier e a súplica de Santa Catarina de Sena ao Sumo Pontífice, o Papa: "Alimentai-vos das almas na mesa da Santa Cruz!" Verifica-se aqui uma perpétua inversão! O sacerdote só pode encontrar o seu alimento no Corpo de Cristo no altar, mas só terá esse alimento se se deixar devorar pelo Corpo místico, do mesmo modo que é intimamente absorvido pelo Corpo real. Para o sacerdote, é totalmente verdadeira a lei enunciada por São Paulo: o sacerdote completa com o seu sacrifício o que falta à paixão de Cristo pelo seu Corpo, que é a Igreja.

O matrimônio também está sob o signo da Cruz. Humanamente, representa uma aventura. É preciso nada menos de que um sacramento para que vingue. Como é que duas personalidades irredutíveis farão apenas *uma*, continuando a ser duas, sem que nenhuma delas estiole a outra, ajudando-as, pelo contrário, a realizar-se? Como é que essa união desabrochará numa família unida, onde o calor e a luz serena de um verdadeiro lar farão amadurecer todas as virtudes humanas e espirituais? São exigências que palpitam em todos os corações, e no entanto o homem falha quando pretende satisfazê-las sozinho. O amor tem em si uma exigência de dádiva sem retribuição — de eternidade — e, no entanto, pode abortar rapidamente caindo num compromisso hipócrita entre dois egoísmos, dois orgulhos e duas sensualidades. As dificuldades da vida tornam estéril a generosidade. As gerações opõem-se. Os próprios cristãos se aburguesam. Por que o casamento é muitas vezes um fiasco? Porque não é compreendido como uma participação no sacrifício da Cruz. Porque exige o sacrifício total de cada um dos esposos pelo outro, dos dois juntos pelos filhos e de todos eles por Deus.

Este programa exige a renovação contínua de uma efusão particularmente abundante de graças. O sacramento do matrimônio — *sacramentum magnum*, diz São Paulo[10] — provê a isso. Essa matéria pesada, corrompida e dolorosa, representada pela união de um homem com uma mulher tal como são e tal como os vão completar os filhos, é misteriosamente irrigada, embebida na graça da Cruz, e atua na vida diária com toda a simplicidade, como por encanto. Celebrando na Cruz as suas núpcias com a humanidade, Cristo mereceu para os esposos a possibilidade de serem mutuamente o que Cristo é para a sua Igreja e o que a Igreja é para Cristo.

Trata-se de um sacramento de que os próprios esposos são ministros, de um sacramento vivo constituído pela própria união entre os esposos, desde as trocas mais espirituais até às carnais; é um sacramento tão grande que era preciso ser Deus para ousar instituí-lo... Os sofrimentos de duas vidas, aumentados — aliviados — uns pelos outros, unem-se na pura Cruz de Jesus, que a

A fé e os sacramentos da fé

leva todos os dias aos que nela O reconhecem. E assim como é fecunda a Cruz do Calvário, pois é dar a vida pela multidão dos irmãos, o matrimônio, santificado pela Cruz, povoa de santos o céu.

O sacramento da Penitência

As relações que o sacramento da Penitência estabelece entre a Cruz de Jesus e as nossas cruzes são demasiado evidentes para que valha a pena demorar-nos nelas. É por este sacramento que os nossos sofrimentos redimem as nossas próprias almas. A absolvição faz com que o sangue derramado por Jesus caia sobre o pecador e o purifique. A absolvição dá ao pecador uma graça muito precisa, exatamente aquela que é necessária para que expie as suas faltas até ao último pormenor, para que as penas que tiver de sofrer o libertem e o santifiquem[11].

A Unção dos Enfermos

Quando o nosso organismo físico luta contra a morte, Cristo presta-lhe uma assistência sobrenatural pelo sacramento da Unção dos Enfermos, antigamente chamado Extrema-Unção, e hoje "Unção dos Enfermos", para não impressionar. Eis um sacramento ordenado para a vida da graça, como também para a vida do corpo (quando Deus o quer curar por seu intermédio), e que por isso não deve ser dado fora dos casos de doença, mesmo quando a morte é certa, como acontece, por exemplo, com os condenados à morte.

Nele se revela manifestamente a misericórdia tão humana do nosso Deus, em geral mais escondida quando se sofre. O sofrimento e a morte física realizam neste mundo a sua obra inexorável, mas a graça transforma-os em agente de morte para o pecado e de vida eterna.

A proximidade da morte exige que se reforce a vida espiritual. A doença corrói o paciente, enfraquece-o por dentro, por vezes restringe-lhe dolorosamente o campo da consciência, precisamente no momento em que teria necessidade de estar em ato eminente de fé, esperança e amor para receber a graça da perseverança final. Só um auxílio de Deus muito especial pode resolver essa dificuldade, e Deus não deixou de prover a ela. Graças à Unção dos Enfermos, o cristão sente vir a morte identificado com Cristo agonizante na Cruz; no fundo da sua alma, tem a força, a paz e a doçura de Jesus, sejam quais forem as angústias da sua agonia, e pode entregar com segurança a sua alma nas mãos de Deus porque nela se cumpriu toda a obra da Cruz.

A vida na fé em Cristo crucificado

Constatamos até agora que a obra dos sacramentos se realiza pela fé que nos une a Cristo crucificado. Chegou a altura de considerarmos o outro aspecto da fé, que é o nosso contributo pessoal para a transformação dos nossos sofrimentos em cruz. Por parte do homem, a fé é uma *virtude*, isto é, um dom infundido por Deus que não é para ser guardado, mas para influir na conduta, fazendo-o passar a ato sob a ação das graças atuais.

Retidão

A primeira característica da fé é a *retidão*. Tem por objeto direto Deus, nada menos elevado que Deus. Como a esperança, com a qual está tão intimamente unida, merece também ter por emblema uma âncora, que nós lançamos no meio do "mar" que é o próprio Deus, isto é, uma vida retamente orientada para os ditames da fé.

Assim ficamos "fundeados" em Cristo, em tempo de bonança e no auge das tormentas, porque temos necessidade desse Ser perfeitamente concreto para nós e que fala ao nosso coração por ter tomado a nossa carne e morrido para participar da nossa condição. *Corramos com paciência na carreira que nos é proposta, pondo os olhos no autor e consumador da nossa fé, Jesus*[12] — e *Jesus crucificado*[13].

Simplicidade

O primeiro efeito dessa "retidão" é que a cruz passa a ser enfrentada com simplicidade. *Bem-aventurados os puros de coração!*[14], isto é, os corações retos[15], os que se comprazem em Deus e não em si próprios. Como são raros! Como é rara a castidade da dor! "Não se deve sofrer — escreve o padre François Florand[16] — como se se estivesse a representar uma peça triste". Não devemos "representar" nem para os outros nem para nós próprios. Principalmente, não devemos "representar" para Deus. Deus é Aquele com quem e diante de quem nunca se "representa".

Uma maneira frequente de representar diante de Deus consiste em alimentar o nosso sofrimento sob o pretexto de *oferecê-lo* a Deus. Transcrevo, a propósito, a reação de uma doente:

> "Parece-me — escreve ela — que em certas aceitações há quase uma espécie de *chantagem* com Deus. Quase tudo o que se diz ou se escreve sobre o sofrimento é desagradável. Muitas vezes tem-me soado nestes termos a linguagem dos que sofrem: 'Já não tenho mais nada, mas *tenho* o meu sofrimento, o meu sacrifício. É a minha glória, o preço que pago pelo céu. Sou uma vítima expiatória. Sou eu que, sobre o meu leito de dor, faço andar o mundo; sou mais útil à humanidade do que a maior parte das pessoas felizes'. É esta a repugnante linguagem das 'vítimas' piedosas. Depois de ter lido um dos cadernos em que se transcrevia a correspondência entre dez doentes, já não aguentava mais. Precisava de ar puro!"

Mas em que ficamos? Não fomos nós mesmos que empregamos atrás essa "repugnante linguagem das vítimas piedosas"? Não chegamos nós mesmos à conclusão de que cada cristão que sofre é insubstituível para completar o que falta à paixão de Cristo pela sua Igreja?

Sim, mas é necessário chamar a atenção para o seguinte: o valor do sofrimento depende da disposição da alma que sofre, a qual deve ser semelhante à de Cristo. Ora, uma das maiores características de Cristo na sua paixão é a generosidade com que *abre* o seu sofrimento e não se encerra nele. As suas únicas preocupações são o seu Pai celeste e nós. *Dar* um objeto de valor será a mesma coisa que pôr-lhe uma etiqueta? É certo que muitas vezes é preciso, para salvar do desespero,

A fé e os sacramentos da fé

da revolta ou da capitulação um ser que sofre, fazê-lo ver que o seu sofrimento é útil. Mas isso é perigoso. O sofrimento será tanto mais útil quanto menos se falar nele. A melhor maneira de oferecermos os sofrimentos não consiste em tomá-los, sopesá-los e entregá-los nas mãos de Deus; o que devemos é oferecê-los à graça de Cristo da mesma maneira que oferecemos o nosso corpo aos raios do sol. Cabe a Cristo oferecê-los ao Pai celeste, se achar que valem alguma coisa. A mão esquerda não deve saber o que dá a direita[17].

A pretensa vocação de "vítima" que tantas almas se arrogam é muitas vezes perversa. Toda a nossa teologia do sofrimento mostra que são necessárias "vítimas" autênticas, e há com certeza muitas que se sabem chamadas a sê-lo. Mas essas pessoas são certamente raras, e correm o grave risco de se corromperem. Pela minha experiência pessoal, parece-me poder dizer da maior parte das supostas vítimas que Deus pôs no meu caminho que o que nelas mais me impressionou foi descobrir, sob os seus ares pretensiosos, a mesquinhez, a esterilidade e a complicação. Felizmente, a estupidez é em grande parte responsável por isso. "Vítimas"? Essas pobres almas são de um misticismo mórbido.

O sofrimento leva-nos a pensar demasiado nele. Como não tem valor nenhum em si, mas em Cristo, devemos voltar-nos para Cristo, dando o mais possível as costas à dor. A humildade — esse outro nome da simplicidade — desempenhará nisso um grande papel.

Podemos compreender esta mesma verdade observando o ato de oferecer, visto que se trata de oferecer o nosso sofrimento *a Deus*. Numa oferta, tudo depende da pessoa a quem se oferece. O que se oferece e a maneira como se oferece dependem do caráter daquele a quem queremos prestar homenagem, a quem queremos agradar. A ideia de Deus deve ser, portanto, a primeira na alma que quer sofrer cristãmente. Ela basta para tudo. Se a alma se unir à dádiva de Jesus crucificado, esquecer-se-á de si nEle, deixará de representar um papel, seja ele o de "vítima", seja outro qualquer.

Noite

Uma fé reta é particularmente necessária se tivermos em conta que o sofrimento nos lança nas trevas. Não sofreríamos se *compreendêssemos*. Isto é verdade mesmo fisicamente. Se tivéssemos a perfeita e íntima inteligência de um mal, na sua própria identidade, triunfaríamos dele. Como é significativa esta expressão "*triunfar* de uma coisa", para dizer que já não sofremos os seus golpes!

O sofrimento é intolerável por ser um enigma tão múltiplo e tão absoluto que nos invade por completo e forma um todo conosco. Devemos dizer de todos os sofrimentos, salvas as devidas proporções, o que São João da Cruz diz das experiências místicas:

> "Não tendo nenhuma experiência do seu novo estado, que faz sair a alma da sua maneira ordinária de proceder sem ver nisso qualquer finalidade ou motivo, essa alma pensa que se perde... Perde, efetivamente, o que compreendia, o que antes lhe agradava, e vê-se levada para regiões onde nada compreende e onde nada aprecia. A alma é então semelhante ao aventureiro que vai à descoberta de terras novas, através de caminhos desconhecidos, sobre os

quais não possui a menor indicação. Não é guiado pelos conhecimentos adquiridos, e avança no meio de dúvidas ou de informações vindas de fora"[18].

O sentido teórico do sofrimento deve então tornar-se uma fé viva, assentada em Cristo crucificado com uma espécie de violência tenaz. O que nos acontece destrói tudo para nós, tudo em nós, tudo de nós. Não, tudo não! Resta-nos, sim, a fé em Cristo: *Ele amou-me e entregou-se a si mesmo por mim*[19]. Ele sabe o que faz. Vamos ver por onde nos vai fazer passar. Olhamos para Ele e agarramo-nos a Ele. Somos um grito silencioso que chama por Ele. E então Ele realiza o melhor possível em nós a sua obra de oferenda e de imolação.

Abertura e excesso

Portanto, segundo diz São João da Cruz[20], o sofrimento "faz-nos sair da nossa maneira ordinária de proceder". Lançar-nos-ia na loucura ou em qualquer degradação se a fé não nos puxasse mais para o alto e nos abrisse ao infinito.

Poderíamos analisar algumas das nossas "maneiras ordinárias" de proceder para ver como a fé nos eleva por meio do mistério do sofrimento. A título de exemplo, lembremo-nos de certos momentos em que determinadas razões mais ou menos superficiais para crer ajudaram a nossa fé: a virtude de um santo homem que exerceu grande influência sobre nós, a ação caritativa da Igreja, e outras coisas mais... Mas tudo isso era demasiado episódico, excessivamente ligado ao humano. Os nossos motivos para esperar estavam eivados de considerações sobre a futura felicidade, se é que não esperávamos em grande parte vantagens terrenas que nos encaminhariam melhor para os bens eternos.

O sofrimento apenas deixa intacta uma pura relação com Deus, que nos faz aderir a Ele. Sob os golpes da dor, pode não subsistir mais nenhuma razão para esperar do que a Cruz de Jesus; essa nunca falta, e não nos faz esperar senão em Jesus. É o grito de São Tomás de Aquino: "Nenhuma recompensa senão Vós!", e o de São Paulo: *Tenho desejos de ser dissolvido e estar com Cristo*[21].

O sofrimento purifica sobretudo o nosso amor. Sente-se que é a caridade que opera na fé e na esperança. A provação, por ser noite para a inteligência, só deixa livre a atividade do amor, desse amor completamente obscuro e puro que, de certo modo, só em si tem razão de ser, e que corresponde, com o abandono filial, ao abandono em que o Pai nos deixa. Evidentemente, semelhante abdicação seria abominável ou louca, para nós que somos espíritos, se não fosse obra da graça divina e se não estivéssemos seguros de Jesus crucificado e ressuscitado, seguros do seu Evangelho.

Isto faz-nos atentar para uma importante realidade: a de que o grau de pureza da nossa vida teologal — de relação com Deus — não depende de nós, pelo menos para além de certos limites. Quero dizer o seguinte: é normal, é legítimo, que nas condições ordinárias da vida, a esperança, por exemplo, se sirva de intenções que não têm por objeto direto Deus no seu mistério transcendente; é normal e legítimo que ela se encarne,

A fé e os sacramentos da fé

por assim dizer, em toda a espécie de bens que temos o direito de desejar e que o próprio Senhor nos ensina a pedir no Pai-Nosso: o pão de cada dia. Viver só de Deus é impossível neste mundo transitório de que somos tributários, e não podemos ser nós a suprimir os bens que nos mantêm nele.

A nossa vida corrente é dirigida pela experiência, e uma experiência grosseira. Não temos consciência do Bem absoluto ao qual nos devemos. O nosso olhar consciente só atinge bens limitados. Corremos o terrível risco de os amar "por si", pois as potencialidades da nossa natureza se orientam para eles em todo o seu exercício. Como poderemos então abrir-nos a um amor desinteressado do Bem e, digamo-lo agora concretamente, do nosso Deus? Existe, pois, um grau de vida mais puramente divina à qual só se chega por meio de renúncias que, por nossa iniciativa, seriam uma criminosa temeridade.

Ora, isso é com Deus. E a maior parte das vezes Ele encarrega-se de o fazer, muito mais pelas desgraças que permite do que pelas simples e puras provas místicas a que nos submete. Que nos cabe fazer? Reconhecer e abrir-nos ao que, onde nós podemos ver uma carga, o que há é um *excesso do amor divino*. É por este excesso de Deus e por esta abertura do homem que o sofrimento espiritualiza.

A abertura do homem à ação de Deus encontra em Cristo todas as suas potencialidades. Mas, para desenvolvê-las, não basta que ponhamos os olhos em Cristo, embora Ele nos mostre crucificadas em si todas as coisas que prendem a nossa sensibilidade. Não basta que a nossa sensibilidade e a nossa imaginação assistam à crucifixão; é necessário que a crucifixão as acalme, as purifique. Elas podem entregar-se a certos exercícios que as disciplinem, exercícios indispensáveis a uma autêntica vida espiritual, mas que muitas vezes iludem.

Quando chega a prova verdadeira, verifica-se quase sempre que a mortificação voluntária não tinha mortificado muito. A experiência mostra-nos que a única coisa eficaz é sofrer as limitações e contratempos como permitidos por Deus e aceitá-las de todo o coração. Então a fé opera por reação. Somos obrigados a agarrar-nos ao bem eterno na sua pureza para fugir à opressão do amor-próprio que se fecha sobre a parte de si mesmo que é mortificada pela prova. É preciso que a fé transfira de maneira efetiva a finalidade da vida para além do círculo em que se aninha a nossa vida.

A alta nobreza da nossa condição não nos é tão imediatamente consciente como a perda de certos bens: somente a luz da fé que trazemos conosco nos faz ver nobremente os objetos, sem no entanto se deixar ver; consiste nesse poder maravilhoso que temos de tudo julgar e de tudo amar por referência ao bem infinito. Ficamos então como que fora do tempo, soberanamente livres, imunes a todos os ataques, livres da multiplicidade apaixonante dos objetos enquanto nos restar um sopro de vida.

Por mais agradáveis que sejam os bens que possuímos, recusamo-nos a pôr neles o nosso fim, depois de os compararmos com o bem infinito. Não demoramos a descobrir nesses bens transitórios qualquer coisa que nos faz desligar-nos deles, sob pena de ficarmos perdidos na matéria ou no orgulho. Vemos então até que ponto é Deus que infunde em nós a vida teologal. Temos fé, e a fé é uma virtude que depende da nossa aceitação; mas é muito mais certo que é um dom que acaba por possuir-nos, se não lhe pomos obstáculos.

A fé é divina em todos os seus aspectos: na sua causa, que é Deus; no seu fim, para o qual se sente atraída e que também tem Deus por objeto. "Quando já não se vir sequer o meu corpo — dizia Santo Inácio de Antioquia —, então serei um verdadeiro discípulo de Jesus Cristo".

Paciência

Finalmente, uma fé reta comunica à alma algo da força divina. Uma força que, sem a prova dolorosa, não teria ocasião de se exercer. Podem as forças físicas e psíquicas ir diminuindo; pode um doente, mesmo que viva de Deus, verificar que a sua resistência se esvai com os anos. Mas ele é testemunho vivo de uma força de outra ordem, que corresponde a essa luz espiritual que o banha.

O princípio da fortaleza espiritual está sempre na fidelidade a um ideal. É a este ideal que se vão buscar novas forças, e fora dele desfalece-se. Polariza os recursos da alma, revela-lhe os que ela ignorava. Concentra-a, estimula-a. "É a força dos desejos — observa Santo Agostinho — que faz suportar o trabalho e o sofrimento, e ninguém consente em suportar de boa vontade o que crucifica senão em atenção àquilo que o atrai". Mas quando "o que atrai" é um falso bem, a força que esse falso bem faz nascer no espírito do homem esgota-se mais cedo ou mais tarde. A adesão, pela fé viva, a Cristo, que é o seu autor e a consuma, faz passar para a alma a *virtus Christi*[22], pois Cristo é mais do que um bem verdadeiro: é o dador da vida. Ele dá-a de maneira especial na prova dolorosa, pois foi para isso que veio ao mundo. Os que aderem a Cristo podem dizer: *É na fraqueza que se manifesta por completo o meu poder*[23]; ou *quando me sinto fraco, então sou forte*[24].

Esses homens caminham com uma firmeza pouco chamativa, mas resoluta, porque sabem que as nossas boas obras são "preparadas por Deus para caminharmos nelas"[25]. Deus assegura-lhes: *Não permitirei que sejais tentados além do que podem as vossas forças; farei que tireis vantagens da própria tentação, para a poderdes suportar*[26]. E ainda que, durante a prova, pareçamos aniquilados, tal não acontece, visto que, se formos fiéis, sairemos espiritualmente fortificados. Durante a grande prova, basta um fiozinho de fé pura, semelhante àquele a que estava certamente reduzida a vida espiritual de Santa Joana d'Arc, quando gritava no meio das chamas: "Je-sus!... Jesus!... Jesus!..."

Conservar-se fiel a Jesus apesar de todos os assaltos, agarrar-se à fé como a uma corda salvadora, poder dizer, depois de uma vida de sofrimento: *Conservei a minha fé*[27], parece pouco, mas é admirável. É possuir a alma na paciência do Senhor[28]. Santa Catarina de Sena viu bem que "a paciência é a medula da carida-de". Numa simplicidade perfeita, a fé, a esperança, o amor e todas as virtudes se unem nessa santa paciên-cia. A prova suportada na fé faz passar a alma — diz

A fé e os sacramentos da fé

Tauler — "do amor sensato", que é já tão belo, para "o amor forte"[29].

Quanto mais dócil à vontade de Deus for uma alma, melhor conhecerá aquele *alimento* que o Senhor encontrava quando cumpria a vontade do Pai. Pois é o mesmo Deus que dá a cada um de nós uma vocação particular, é Ele que combina as circunstâncias por que nos faz passar, de maneira a fazê-las corresponder melhor a essa vocação, e que nos concede as forças necessárias para cumpri-la. Se a nossa atividade estiver, pois, conforme com a vontade do nosso Deus, nunca ficará satisfeita com um desperdício de forças espirituais, mas sim com o seu progresso; encontraremos o repouso no trabalho, recuperaremos as energias desgastadas, porque *tudo contribui para o bem dos que amam a Deus* — isto é, para o seu amor[30].

É o que nos dizem, com um deslumbramento sempre renovado, os santos e, desde que vivam da graça, os mais insignificantes dos cristãos. Falam da maneira como saíram vitoriosos das suas provas, quando pensavam que seriam absorvidos por elas; das delicadas atenções de que foram objeto, sob a forma de coincidências de uma espantosa precisão, onde se escondia a mão do mais delicado dos amigos; das forças inesperadas que descobriram neles nos momentos em que lhes eram mais necessárias; do bem que nunca praticaram melhor do que quando se sentiam mais fracos. Aprenderam a conhecer o poder da oração.

São experiências que alimentam a segurança fundamental de saber que somos um espírito fora do alcance dos poderes do mundo e que a esperança nos fortifica contra o próprio inferno. No meio dos assaltos mais perigosos, verificamos que somos a Jerusalém edificada sobre montanhas inabaláveis.

São experiências que trazem também uma *coesão interior*, uma posse de recursos próprios numa progressiva unidade; sentimos que nos tornamos essa Jerusalém cujas alas se conservam todas juntas e proporcionam uma verdadeira visão de paz, tranquila e em ordem. Pois as provas dolorosas fazem cair o que se dispersa ao sabor dos múltiplos atrativos; obrigam-nos a viver mais perto da simplicidade da nossa essência, na simplificadora vontade de Deus.

Beleza da alma que sofre cristãmente

Acontece, repetimos — é talvez este o caso mais frequente —, que essas experiências só descobrem o seu sentido depois de passadas, por uma reflexão posterior, como aconteceu com os discípulos de Emaús, que, só depois de terem falado com o Senhor, a quem não reconheceram, é que observaram, e ainda assim num tom interrogativo, como tinham sentido inflamar-se o seu coração: *Não é verdade que sentíamos abrasar-se o nosso coração?...*[31] Durante a prova, pode acontecer que a consciência esteja quase totalmente invadida pelo sofrimento. Quando, pela fé, a alma se liga a Cristo, realiza-se nela um trabalho maravilhoso, sem que ela o perceba; os outros pressentem-no, ainda que ela o ignore, e os seus efeitos aparecem mesmo depois que a prova passou.

Não há nada mais belo neste mundo do que uma alma que sofre de uma maneira pura com Cristo Jesus.

A fé e os sacramentos da fé

É tão belo que é quase ridículo mostrar como essa alma se eleva então acima das diversas atitudes da natureza em presença do sofrimento.

Vê-se, qual visão que se tem do alto da montanha sobre a planície, como Cristo crucificado nos elevou. A alma toma decididamente a cruz e resolve numa paz superior a antinomia entre a abdicação perante o sofrimento e a luta violenta contra ele; concilia-os no "sim" que diz a *Deus*, e não ao próprio sofrimento, ao Deus que lhe envia o sofrimento para que o ultrapasse. Essa alma dissolveu todo o dolorismo no sentido profundo do valor expiatório e santificante que o sofrimento tem para ela e para os outros, e realiza esse valor sem sequer pensar nele. Já não tem necessidade de dizer: *Completo no meu corpo o que falta à paixão de Cristo pelo seu corpo, que é a Igreja*; diz simplesmente: "Jesus!"

O Filho de Deus amou-me e entregou-se a si mesmo por mim[32]. Que outra coisa pode ser a minha vida, senão um impulso de gratidão para com Ele? A gratidão é esse sentimento que mais que qualquer outro nos enobrece, porque é a reação generosa da nossa alma, que se dá gratuitamente, numa dádiva em que o amor-próprio não se pode comprazer, porque é apenas uma resposta à dádiva recebida. *Como retribuirei ao Senhor os dons que dEle recebi? Tomarei o seu cálice e invocarei o seu nome*[33]. Jesus! O meu Deus que me salva! Toda a minha atividade deve tender para o que diz o Apóstolo: *Anseio por conhecer Cristo e o poder da sua ressurreição, pela participação nos seus sofrimentos, assemelhando-me a Ele na sua morte; para ver se de algum modo posso chegar à ressurreição dentre os mortos*[34], a fim de "estar com Ele"[35] nos amplexos do seu amor eterno.

Conhecê-lo! Não de uma maneira teórica!, mas com uma fé que é uma adesão total, uma comunhão, em que opera — sensivelmente ou não, que importa? só a realidade é que conta e eu estou certo dela — o poder de ressurreição sobrenatural da ressurreição de Cristo, que é radicalmente a minha.

Esta fé, que é eterna na sua fonte, permanece e renova-se na fidelidade. *Eu sei em quem acreditei!*[36] Cristo morto e ressuscitado está em mim, está no mais íntimo da minha alma, no ponto donde brotam todos os meus pensamentos, todos os meus sentimentos e as minhas vontades, que dEle recebem uma marca inapagável, para minha eterna confusão ou para minha glória. Que eu seja como esse divino modelo. Que eu seja, pela minha fidelidade, a sua pura imagem!

"Dar sangue por Sangue!", exclama Santa Catarina de Sena. Tendo sofrido por mim como sofreste, meu Deus, tendo morrido por mim como morreste, também eu devia clamar como a Santa. Mas eu quero ser *verdadeiro*. Não me basta falar a linguagem da fé em Ti, quero que toda a minha alma consinta, embora dentro de mim a fé ainda seja pouco firme e não me tenha tomado nem penetrado por inteiro. Apelo para a tua misericórdia, Senhor, e digo: *Seja feita a tua vontade!*

Tremo diante da tua Cruz; vergado sob o seu peso ou pregado nela, desfaleço. Mas por mais tímido que seja em mim o gosto pela tua Cruz, ele nasceu sinceramente, porque é bem verdade que eu Te amo. Meu Deus, faz-

A fé e os sacramentos da fé

-me participar dos teus sofrimentos, na mesma medida em que me dás amor e forças para isso. Este desejo de ser semelhante a Ti, por mais covarde que eu seja, já é o que será a loucura da Cruz na sua perfeita veemência! Cabe à tua graça, meu Deus, levá-lo até ao grau que achares necessário. E para eu corresponder a essa graça, cabe-me conviver fielmente contigo na tua paixão, por meio de uma fidelidade afetuosa e realista que dilacere as minhas entranhas.

E, quando for experimentado, que eu me conserve fiel ao hábito de voltar-me para Ti, de implorar o teu socorro, porque Tu nos salvas, se nós tentamos, embora ineptamente, receber os males com os sentimentos que há no teu coração[37]. Só a tua Mãe conhece a fundo esses segredos e nos inicia neles a pouco e pouco. É Ela que grava profundamente em nossos corações as chagas do Crucificado[38]. Ela é a nossa Mãe misericordiosa e, maternalmente, vence as nossas repugnâncias e converte-nos à obra que o seu Filho deve realizar em nós.

Não é necessário considerar apenas os grandes santos para admirar a obra da graça numa alma que sofre. O mais belo dos mistérios pode realizar-se em nós — pobres pecadores cheios de boa vontade —, se na provação tentarmos conservar-nos fiéis a Cristo Jesus. É um mistério tão belo que, quando o sofrimento ameaça escandalizar-nos, pode restituir-nos a paz. Por mais admiráveis que sejam as razões que a sabedoria cristã nos apresentou para nos fazer compreender o porquê do sofrimento, parece-me que só no mistério da imolação de Cristo por amor é que adquirem todo o seu sentido.

A Cruz de Cristo e a nossa

Ainda que o sofrimento fizesse desabrochar numa só alma as virtudes evangélicas, compreenderíamos que há nesse mistério uma pureza de um valor infinito, e que por ele Deus permitiu o pecado, a dor e a morte. Instigada pelo sofrimento, chegando-se mais ao Coração dilacerado de Cristo, a alma santa encontra nele — diz Santa Ângela de Foligno — "como que um sangue fresco". E essa alma oferece então um sacrifício semelhante ao do Sacerdote perfeito. Aspira, com uma nostalgia mais exigente, à pátria do céu, e o reverso desse sentimento doloroso é a libertação: Cristo é vencedor, está junto do Pai, reina, e o seu reino dilata-se. E nós somos vencedores com Ele, porque Ele nos libertou de tudo o que nos impedia de ser e saber-nos filhos de Deus.

Nós, que, uns mais, outros menos, ainda nos parecemos com os que procuram neste mundo a alegria da posse, quase que ignoramos o testemunho que o Espírito de Jesus dá ao nosso espírito[39]. Mas a alma santa, como não tem outro tesouro além do seu Salvador, saboreia a doçura da obra cumprida na contemplação de Jesus descido da Cruz e estendido, ainda sangrando, sobre os joelhos de sua Mãe. Aprende de Maria a dolorosa ciência da morte, e as lágrimas que chora refrescam-na como um orvalho, porque, para ela, já não há senão uma tristeza: *que o Amor não seja amado*. Ferido, o santo regozija-se, como São Paulo, por ser fraco, porque, segundo a expressão de Esdras, *encontra a sua força na alegria do Senhor*[40].

Na angústia das decisões a tomar, quando a complexidade dos interesses não permite sequer fazer uma escolha com conhecimento de causa, o homem de Deus recorre a Cristo, que conhece a chave de todos os enigmas, e o seu Espírito de misericórdia inspira-lhe o bom conselho que o encaminha sempre para uma decisão mais ou menos louca no sentir do vulgo, mas que, no fundo, é a única verdadeiramente prudente.

Quanto mais esse homem se afunda na miséria humana, quanto mais se perde nela e sofre, mais sente, maravilhado, que é objeto da misericórdia divina, pois recebe as graças que fazem dele o seu instrumento. Rico de tudo isso, a sua comunhão efetiva com os sofrimentos de Cristo abre-lhe os mistérios da fé; tem deles a compreensão que é recusada aos frívolos, pois todos os mistérios convergem para a Cruz. E é participando da Cruz que é iniciado nos seus mistérios. E porque os compreende, sente que eles operam no seu interior, que a sua luz o purifica, o dilata, o exalta e renova nele, de dia para dia, a "alegria da verdade". Coração puro, não vê ainda a Deus, mas possui o sentido intimo dos seus mistérios.

Finalmente, esta participação nos sofrimentos de Cristo entrega-lhe os tesouros da sabedoria de Deus: a Cruz é *sabedoria de Deus*[41]. Toma por meio dela um conhecimento vivo do Amor excessivo[42]. Amargo sabor! Mas precisamente porque se deixa queimar por ele, encara todas as coisas com singular doçura, espalha a verdadeira paz, a do amor divino.

A suprema beleza está no supremo testemunho. *Bem-aventurados os que sofrem perseguição por amor da justiça!*[43] As notas que os sofrimentos arrancam da alma santa atingem a sua plenitude na *alegria de sofrer pelo nome de Jesus*[44].

Basta-nos receber a cruz que Deus nos envia, compreendendo que a nossa vida neste corpo de morte é, de futuro, uma vida na fé no Filho de Deus que nos amou e se entregou por nós: *Quem nos separará do amor de Cristo? A tribulação? A angústia? A fome? A nudez? O perigo? A perseguição? A espada?... Somos reputados como ovelhas para o matadouro, mas de todas estas provas saímos vencedores por Aquele que nos amou*[45].

O silêncio de Deus

A cruz por excelência

A angústia suprema da paixão de Jesus foi sentir que seu Pai o abandonava. Para nós, o mais difícil de suportar na cruz é a sensação de que Deus se cala quando sofremos, quando o sofrimento nos faz soltar este grito de angústia: "Por quê?"

Nesse silêncio está o que há de supremo na cruz: no Gólgota, o sofrimento do próprio Deus enquanto Deus; em nós, a eminente obra escondida da sua graça. Deus é o supremo silêncio. E, como diz Luís Chardon, "só se explica pelo silêncio".

Os muitos cristãos que têm pouca fé e a quem as provações fazem duvidar do próprio Deus e da sua bondade, não são os únicos que gemem por causa da estranha maneira como Ele se esconde. Por mais profunda que seja a vida de fé, de esperança e de caridade, mesmo quando se beneficia de ajuda, sempre tão maravilhosamente proporcionada às necessidades dos filhos de Deus, mesmo quando se recebem essas "visitas" do Verbo concedidas aos que procuram assiduamente um trato de intimidade com Jesus, é impossível não nos desconcertarmos com a conduta divina. "O jogo do amor das partidas e dos regressos", como diz Santa Catarina de Sena, utilizando uma imagem inspirada no Cântico dos Cânticos, apenas faz aumentar um desejo cujo objeto se furta muito mais do que se dá. A mão da Providência parece mostrar-se em inúmeras circunstâncias, mas a sua dureza parece superior à sua benevolência quando deixa o campo livre às mais horríveis potências do mal, nas grandes provações das nossas vidas pessoais ou nas catástrofes coletivas. Por que não há de Ele vir em socorro da nossa miséria? Não vê que dentro em pouco não poderemos aguentar mais, que vamos ser esmagados? Não vê que o mal prospera e que em toda a parte a sua causa parece perdida?

Estes pensamentos, quando não são corrompidos pela dúvida, explicam-se pela angústia. O próprio Espírito Santo leva Davi a exclamar: *Por que dormes, Senhor? Acorda!*[1] E faz com que Isaías clame: *Ah! Se Tu rasgasses o céu e descesses como o fogo que abrasa a madeira seca, como o fogo que faz ferver a água, para que o teu nome se tornasse conhecido dos teus inimigos e ficassem turbadas as nações diante da tua face!*[2] O Espírito Santo também não ignora as palavras dos ímpios, pois Ele encarrega os profetas de as repetir: *O Senhor não faz bem nem mal*[3]. *Onde está o Deus de justiça? Tudo o que faz mal passa por bom aos olhos do Senhor e é-lhe agradável*[4].

Dirijo-me mais particularmente nestas páginas aos que sofrem *filialmente* por verem que Deus fica tão escondido nas suas vicissitudes e provas — sim, àqueles que sofrem com submissão e confiança. O seu desgosto é mais profundo porque é filial e cheio de abandono.

Mas aos que opõem o desdém à ausência, orgulhosamente seguros do direito que têm de fazer as suas perguntas e de receber uma resposta, ou aos que se entregam às zombarias de um Bayle[5], a esses digo: Deus não é um colega com quem se possa discutir de

O silêncio de Deus

igual para igual; é a vossa própria atitude que só vos deixa ver o silêncio da majestade inflexível ou o de uma impotência absurda e ridícula. Ele diz-vos que é o amor infinito. Tentai revestir-vos das disposições dos seus filhos e tenho a certeza de que começareis a ouvir um silêncio que é a única maneira de o amor se exprimir.

Sentimo-nos angustiados como o profeta no país aniquilado pela invasão dos caldeus: *Por que te conservas em silêncio enquanto o ímpio devora os que são mais justos que ele?* Mas chega a grande resposta: *Aquele que é incrédulo, aquele que não tem a alma reta, sucumbirá, mas o justo, por causa da sua fidelidade, viverá*[6]. Segue-se no texto sagrado uma profecia que pormenoriza, para o caso particular desse protesto, uma resposta eterna: o triunfo de Deus está assegurado; virá um dia em que a terra estará cheia do conhecimento de Deus, como o fundo dos mares está cheio de água. A fé em Cristo crucificado e ressuscitado dá-nos a certeza da vitória final de toda a justiça, de todo o puro amor, sob os novos céus e sobre a nova terra, e permite-nos suportar o silêncio divino. Graças a essa fé que persiste e cresce em *fidelidade*, esse silêncio anima-se, e quanto mais profundo for, mais nos fala ao coração.

Para o compreendermos, o único meio é perscrutar a Sagrada Escritura com humilde docilidade. Assistimos ao drama — e a um drama com múltiplas peripécias — de um Deus que não pode deixar de se calar à medida que fala, e de se furtar quanto mais se dá. Como pode Ele mostrar-se tal como é a não ser como infinitamente enigmático?

Duas grandes razões nos aparecem, logo de início, para justificar esse silêncio. Uma é a transcendência de Deus, a outra o nosso tumulto. Mas vejamos agora como se realiza a concordância dessas duas causas na economia da salvação cristã, e a conclusão natural estará no silêncio de uma fé perfeitamente receptiva, que nos levará a ouvir o silêncio de Deus.

"Eu sou Aquele que sou"

A humanidade tem dificuldade em deixar-se moldar. Deus deve dar-lhe primeiro um sentimento vivo do seu Ser e dos cuidados de que nos cerca. Ele existe e ocupa-se de nós. São estes os dois pontos essenciais da fé, que implicam todos os outros[7].

Durante o período patriarcal, Yavé manifesta-se de uma maneira muito concreta, como era preciso para impressionar a imaginação dos povos primitivos. Mas, no monte Horeb, diz finalmente o seu nome a Moisés![8] Até aí deixou que o designassem, ou designou-se a si próprio, por alguns dos seus atributos. Agora diz o seu nome, o *Nome*, no qual, segundo a lei das realidades religiosas, reside a virtude essencial do ser significado. Esse nome, pelo qual Moisés pergunta para se credenciar junto do povo cuja chefia deve assumir, que enigma tão grande! É um verbo que se conjuga na primeira e na terceira pessoa, é o verbo dos verbos, o verbo Eu Sou, Ele É, e expresso com ênfase: "Eu-Sou-Aquele-Que-Sou". Reparemos no insólito da resposta. Moisés deve dizer ao povo: "*Ele-É* mandou-me ter convosco". Não refere nenhum atributo concreto a que a imaginação e

O silêncio de Deus

o pensamento conceitual se possam agarrar. Um nome que significa a pura existência. "Uma indeterminação cheia de ser — comenta Lagrange[9] —, um ser de que nenhum ser sensível pode dar uma ideia".

Nem todos os séculos passados e futuros bastarão para que a humanidade tome consciência das riquezas contidas nessa pequena palavra[10]. Há de verificar-se que ela é o mistério de toda a plenitude e que dará a conhecer todos os mistérios. Essa luz, que parece uma sombra opaca, há de tornar tudo claro para o nosso espírito.

O Livro Sagrado conta-nos como se passam os encontros no deserto entre Moisés e o seu Deus[11]. Moisés não é como os outros, a quem o Senhor não fala. O Senhor fala com ele "face a face", "boca a boca", "como um homem costuma falar com o seu amigo". Moisés armou a tenda fora do acampamento, como símbolo da transcendência do Senhor. Quando lá entrava, a coluna de fogo, que era o misterioso Anjo do Senhor, descia e parava à entrada da tenda. E todo o povo adorava. Angustioso colóquio! Essas relações de amigo para amigo são para Moisés um motivo de inquietação e de insatisfação: *Ordenas-me que tire daqui este povo e não me declaras quem mandarás comigo, embora me tenhas dito: "Conheço-Te pelo teu nome e Tu achaste graça diante de mim". Se eu, pois, achei graça diante de Ti, mostra-me a tua face, para que eu Te conheça e ache graça ante os teus olhos*[12].

Adivinhamos a eterna angústia dos homens que se sentem desprovidos de tudo, frustrados na esperança da ajuda divina, porque a têm divinamente apenas *no momento preciso*, em vez de a terem quando querem.

O Senhor diz a Moisés: *A minha face irá adiante de ti, e eu te darei descanso*[13]. Moisés insiste. Recebe a confirmação das promessas, mas sempre em termos gerais. Quer ver a face de Deus que fala à sua face. *Não poderás ver a minha face* — responde o Senhor —, *porque o homem não pode ver-me e viver.* E acrescenta: *Eis ali um lugar junto de mim, e tu estarás sobre aquela pedra. E quando passar a minha glória, eu te porei na cavidade da pedra e te cobrirei os olhos com a minha direita, até que tenha passado. Depois tirarei a minha mão e tu me verás pelas costas. Mas o meu rosto, não o poderás ver*[14].

Muitos séculos depois, Elias ouvirá o Senhor dizer-lhe no deserto: *O Senhor vai passar. Diante do Senhor correrá um vento impetuoso e forte, que fenderá os montes e quebrará as pedras, e o Senhor não estará no vento. E depois do vento haverá um terremoto, e o Senhor não estará no terremoto. E depois do terremoto acender-se-á um fogo, e o Senhor não estará no fogo. E depois do fogo ouvir-se-á o sopro de uma branda aragem*[15]... Tendo Elias ouvido isso, cobriu o rosto com a capa, saiu e pôs-se à entrada da caverna.

Tu és verdadeiramente um Deus escondido![16] Quando nos parece que Te manifestas, não estás lá; quando começas a ficar silencioso, falas. A tua pedagogia ensina-nos uma inversão a que a tua transcendência nos obriga. Deus faz reconhecer pouco a pouco à alma fiel que essa transcendência, se não lhe permite exprimir-se dignamente quando se exprime ao nosso modo, no entanto, não o afasta de nós; torna-o mais íntimo. Por ser o nosso Criador infinito, é-nos infinitamente presente. Nós dissolvemo-nos nas coisas exteriores, mas, se regressamos ao nosso coração, libertamos um certo sentido de Deus, que pulsa em nós como um instinto, tão seguro e infalível como um instinto. Os olhos abrem-se e veem a luz; se a alma for fiel, ouvirá pouco a pouco a voz do seu Criador: instinto de dependência, tal como *o boi conhece o seu possuidor e o jumento o presépio do seu dono*[17] —, instinto de dependência como o do animal em relação ao seu meio: *O milhafre conhece nos ares a sua estação; a rola, e a andorinha e a cegonha observam o tempo da sua arribação*[18] —; e é o instinto de filiação: o sentido que o barro humano conserva em relação às mãos do oleiro que o modelou[19].

Mas esse instinto que nos abre para Deus não nos fala das coisas deste mundo; põe-nos em contato com o que é eterno. Se vivermos ao sabor das nossas paixões, torna-se confuso e Deus será para nós um silêncio hostil. Se libertarmos esse instinto, tornando-nos semelhantes às crianças, o Pai será para nós, como para Santo Inácio de Antioquia, "o silêncio da paz"; as coisas serão como palavras desse silêncio, e ouviremos o Filho consubstancial, o "Verbo saído do Silêncio".

O nosso tumulto ensurdecedor

O segundo lugar em que nos devemos situar é o tempo imediatamente anterior à vinda do Senhor. Deus já não fala pelos profetas, porque a revelação preparatória está completa. Explicou-se tão bem que as almas profundas e calmas estão amadurecidas para receber o Evangelho. Vemo-las nos episódios do Novo Testamento, num Simeão, numa Isabel, na Santíssima Virgem...

Quando a revelação alcançou esse ponto de maturidade nos corações puros, a maior parte dos homens já tinha deixado de ouvi-la. Ela progrediu no sentido da intimidade pessoal com Deus, até àquela piedade tão penetrante que se sente em Jeremias, em certas passagens do Eclesiastes, da Sabedoria, nos últimos Salmos. Mas a "elite" intelectual, social, e a grande maioria tinham instituído o mais materialista dos legalismos; o desejo de ver a Deus tornara-se, para os letrados, uma curiosidade da inteligência; o fragor dos apocalipses cobria a voz de Deus e a do coração; com o pretexto de que é transcendente, relegava-se Deus para um trono inacessível e nem sequer se tinha o direito de pronunciar o seu Nome.

A revelação abriu perspectivas de salvação universal, mas os judeus já só a compreendiam de um modo racionalista, como uma desforra que Deus lhes concederia sob o comando do Messias: subjugariam, humilhariam todos os povos da terra, com mais dureza do que aquela com que eles próprios eram subjugados.

A revelação esboçara um por um os traços fisionômicos do Messias. Que enigma! Esses aspectos eram tão divergentes que não parecia ser possível conciliá-los: o Messias seria ao mesmo tempo divino e humano, o Rei glorioso e o "Servo de Yavé", desfeito pelo sofrimento. As diferentes escolas só consideravam parte dos textos que lhe dizem respeito; tão depressa o concebiam como pertencendo à terra, como o imaginavam um ser celestial que viria ao mundo para julgar e para reunir os seus eleitos. E nenhuma delas admitia que Ele pudesse sofrer.

O silêncio de Deus

Chega-se, pois, a um ponto de crise em que apenas as almas simples estão preparadas e têm tudo o que lhes é necessário para reconhecer o Messias, ao contrário daqueles que têm o coração endurecido pelas coisas que contam humanamente (pelo valor terreno ou pelo número). "É esse precisamente — nota Lagrange[20] — o selo divino aposto à profecia, que ninguém pode dizer como será realizada em todos os elementos espirituais, ao passo que os acontecimentos lhe dão uma luz brilhantíssima".

O que conta segundo o mundo — observa ainda Lagrange[21] — "eliminou precisamente da revelação as virtualidades cristãs", de modo que o judaísmo iria rejeitar em nome da Lei e dos profetas Aquele que é acreditado pela Lei e pelos profetas. Pôs-se numa situação em que lhe era impossível ouvir a Boa Nova. Quanto mais Cristo anunciar a sua palavra, menos a "reconhecerão"[22], e os que a princípio tiverem sido seduzidos por ela abandoná-la-ão quando Ele apresentar as suas revelações mais divinas: *Dura é esta linguagem, e quem a pode ouvir?*[23]

Cristo, porém, tarda. Os profetas calaram-se, porque já não têm nada a dizer. Com a longa espera, completou-se a preparação. Mas quem pode compreender esse atraso? Cristo tarda. *Lembra-te, Senhor, do opróbrio dos teus servos diante das nações. Os teus adversários, Senhor, lançam-nos em rosto, como um insulto, os prolongados atrasos do teu ungido*[24].

Deus já não tem nada para revelar coletivamente antes da vinda do Messias. No silêncio dos profetas, os medíocres desanimam; a esperança remete o seu objeto para um futuro cada vez mais vago, e é nessa altura que a salvação está mais próxima.

Cristo tarda. Em vez de preencherem essa espera com uma meditação humilde e amorosa, que tornaria mais profunda a mensagem profética na luz interior, os judeus entregam-se ao jogo político, aos seus sonhos orgulhosos, aos seus ressentimentos, aos seus negócios. O barulho que fazem cobriu a voz de Deus. Fecharam os corações e é ao coração que Cristo vai falar. *Ele não vai gritar*; todos foram prevenidos de que é necessário prestar ouvidos: *Não clamará nem a sua voz se ouvirá nas ruas*[25]. Profecia que se realizará quando Jesus clamar às multidões. Porque elas não o ouvirão.

As exigências da economia redentora

Aquele que é em Deus a Palavra torna-se uma voz humana. Devemos reler aqui as famosas palavras de Pascal, na sua carta a Mademoiselle de Roannez[26]:

> "O estranho segredo em que Deus se retirou, impenetrável à vista dos homens, é uma grande lição para nos levar à solidão, longe da vista dos homens. Até à encarnação, Deus continuou escondido sob o véu da natureza; quando foi necessário que aparecesse, escondeu-se ainda mais cobrindo-se com a humanidade. Conheciam-no melhor quando estava invisível do que quando se tornou visível. E finalmente, quando quis cumprir a promessa feita aos seus apóstolos de permanecer com os homens até ao fim dos tempos, resolveu fazê-lo no mais estranho e obscuro dos segredos — nas espécies da Eucaristia..."[27]

O silêncio de Deus

É claro que, quando contemplamos com toda a nossa alma a maneira como o nosso Deus se manifestou ao revestir-se da nossa carne para que o pudéssemos ver, ouvir, tocar, causa-nos menos espanto a maneira estranhamente invisível como intervém nas coisas humanas, agora que já não está no meio delas. Deus comporta-se estranhamente. Não tenhamos ilusões.

As "manifestações" que a Igreja celebra na festa da Epifania só são claras porque temos fé. A mais famosa, a adoração dos Magos, não foi de maneira nenhuma, vista de fora, um acontecimento estrondoso, uma brilhante cavalgada à Benozzo Gozzoli, ou uma deslumbrante caravana com dromedários e esplêndidos tecidos, como os que Rubens e Véronèse nos pintaram o episódio dos Reis Magos.

Quando tentamos ver na realidade histórica como as coisas se passaram, só encontramos astrólogos, vindos certamente de uma terra um pouco para além do Mar Morto. Existia uma crença, espalhada nos meios judaizantes, segundo a qual uma estrela anunciaria a vinda do Messias. A estrela dos Magos foi provavelmente um cometa. Há grande emoção em Jerusalém? Sim, como é fácil ocorrer numa cidade oriental, onde todos os entusiasmos são fugazes. Trazem presentes misteriosos, ouro, incenso e mirra, para prestar homenagem a um príncipe de grande estirpe; mas o que encontram, em vez do poderoso rei que esperavam ver tornar-se o senhor do mundo, é uma frágil criança, talvez ainda deitada na manjedoura do seu estábulo natal, que lhe é apresentada pela mulher de um artesão de aldeia. Era mais que suficiente para os fazer perder as ilusões.

Como nos enganamos quando pensamos que nos teria sido mais fácil crer se tivéssemos visto o Senhor! É de recear que Ele fosse, também para nós, um motivo de escândalo. Para ver em Jesus o Salvador, é preciso ter a fé cândida de um coração que não se deixa enfeitiçar pelas coisas deste mundo, e que se abre às do céu. É este o lado maravilhoso da história evangélica: ser sempre um triunfo da fé.

Não se sabe se os Magos compreenderam imediatamente ou se se sentiram primeiro desapontados, como nós ficamos quando essa Criança se nos manifesta à sua maneira: nas nossas dificuldades, ou simplesmente na banalidade das nossas vidas. O que é certo, visto que São Mateus no-lo diz, é que eles caíram em adoração, ofereceram os seus presentes e ficaram transportados de alegria.

A segunda "manifestação" que a Igreja celebra na festa da Epifania, o Batismo do Senhor, suscita observações análogas. Jesus sai do seu retiro de Nazaré. Não o faz para se evidenciar. Perde-se na multidão dos pecadores que vão pedir ao batismo de João o perdão das suas faltas[28]. Um passo desses é mais próprio para o diminuir do que para o acreditar. Pode induzir gravemente as pessoas a fazer uma ideia falsa dAquele que é puro e sem pecado. João Batista, que nos aparece como a figura principal, não mostra ter plena consciência do mistério de que é instrumento: a substituição do seu batismo pelo Batismo cristão.

O silêncio de Deus

Informa-nos o evangelista São João que, submetendo-se ao Batismo, Jesus dá-lhe uma eficácia divina, e, daí em diante, o Batismo, administrado como Ele quer, fará nascer para a sua vida. O Batista não sabe que é o instrumento desse mistério. Confessa pouco depois — relata-nos São João — que no começo não reconheceu o Messias; só compreende o que lhe é revelado no momento exato do Batismo, quando lhe aparece a pomba. Passagem preciosa, pois nos indica que a sua exclamação, quando viu Jesus pedir-lhe o batismo (*Tu é que devias batizar-me!*), não tinha, na sua clara intenção, todo o sentido que somos convidados a dar-lhe, nós que sabemos quem é aquele que ali se encontra.

É, pois, uma realidade constante a lei segundo a qual os nossos atos têm um alcance que ultrapassa infinitamente o nosso conhecimento ou a nossa intenção! Mesmo depois de ter visto a pomba, João ainda não compreende plenamente, uma vez que pouco depois enviará da sua prisão mensageiros a Cristo para perguntar-lhe se ele é realmente aquele que deve vir. De tal maneira a ação velada de Jesus parece estranha até ao próprio Precursor!

Os evangelistas Marcos e Mateus mostram distintamente que é a Jesus que o céu parece abrir-se, e a exegese, confrontando de perto os textos[29], chega à conclusão de que a descida do Espírito e a voz do Pai, perceptíveis sem dúvida à mente, não aos olhos e aos ouvidos do corpo, só o foram para certos privilegiados. Assim, essa *manifestação* por ocasião do Batismo, muito mais brilhante do que a dos Magos, só o é aos olhos da fé.

A terceira das festas que a Igreja celebra durante a Epifania, o milagre de Caná[30], realiza-se disfarçadamente. Nem o mestre de cerimônias nem o esposo se dão conta dele. Os criados trazem as seis urnas de pedra cheias de água, e Jesus diz-lhes: *Tirai agora e levai ao mestre de cerimônias*. Só os criados e os convidados mais próximos é que percebem que esse vinho procede das talhas de pedra onde há poucos instantes havia apenas água. E é assim que Jesus evidencia pela primeira vez o seu poder sobre os elementos, manifestando-se como Deus. Esse é o milagre que Ele escolhe para se estrear: prover a uma necessidade bastante mundana.

O seu ensino não é muito claro para os espíritos malquerentes. É feito muitas vezes por meio de parábolas. Quanto mais Jesus explica, mais difícil se torna. O Evangelho em que as verdades divinas são expostas mais diretamente, o de São João, é o mais misterioso, e essa obra suprema da sabedoria, da pureza e da paz divinas transcorre de uma ponta a outra no clima de uma disputa que fatiga.

Tudo tende para a ocultação suprema, que atinge o seu clímax no aparente esquecimento em que Deus deixa Jesus abandonado no alto da Cruz infamante. Todos veem a Cruz, os pregos, o sangue de Jesus. Ouvem o seu grito de angústia: *Por que me abandonaste?* E a ressurreição realizar-se-á em segredo, de madrugada, e de maneira furtiva!

Façamos incidir sobre este mistério toda a luz que nos vem da Cruz. A redenção desenvolve-se em dois tempos. O da manifestação gloriosa virá mais tarde.

Até lá, quando Deus vem — quer seja na sua pessoa encarnada há vinte séculos, quer nos acontecimentos da nossa vida, que são todos providenciais e comandados pela sua graça —, só pode vir de uma maneira velada.

Por quê? Porque Ele ainda não renovou a face da terra. Submete-se às suas leis. Enquanto o reino dos céus se conservar escondido na fé, no segredo dos corações, o seu soberano, que não é deste mundo, esconder-se-á necessariamente aos olhos de todos aqueles que julgam segundo as aparências deste mundo. Enquanto julgarmos segundo o mundo, como poderemos descobrir a presença dAquele que não é deste mundo?

Considerando o mistério em si, o que o explica é a aplicação sobre a nossa miséria da majestade do poder e do amor divino. E considerando a reação que deve ser a nossa em resposta a este mistério, chegamos a um mistério de fé, de esperança e de caridade.

Mistério de majestade e de fé. Os costumes divinos não se compreendem, nem as palavras divinas se ouvem, se não nos situamos no ponto de vista de Deus. É o papel da fé: *Os meus caminhos não são os vossos caminhos, os meus pensamentos não são os vossos*[31]. Esperar de Deus um êxito humano como nós o imaginamos, é não ter o sentido da sua infinita grandeza. Pode-se dizer o mesmo das operações da sua graça e da sua Providência. A sua transcendência nunca é mais brilhante do que no presépio, no sacrifício do Calvário e no altar: na verdade, Ele não dá o mínimo valor às nossas medidas! Mesmo quando se submete a elas, é *Ele* que se submete!

Mistério de eficácia divina e de esperança. Deus opera no meio de nós. A sua ação é totalmente gratuita. A participação na vida divina que nos é concedida não constitui de maneira nenhuma um direito, mas um favor de que somos indignos. Cristo mostra-nos muito bem que é assim quando recebe o batismo de João. Faz-se batizar porque é o Homem universal, o Filho do Homem; por isso se apresenta na humildade, na obediência, na gratidão, que formam a disposição da criatura perante a generosidade do Criador. Inclina-se, apaga-se, esconde-se, porque cabe a Deus operar.

DEle, o mistério desce até nós. As suas ações prolongam-se até ao fim dos séculos pelos seus sacramentos, em que se renova o paradoxo: a graça é-nos concedida por meio de sinais que satisfazem mal a nossa sensibilidade. Um pedaço de pão que não alimenta o corpo e não tem sabor, um pouco de água que se faz correr sobre a testa..., e não se sente a graça. Quanto mais substanciais são as realidades de Cristo, mais pobres são as suas manifestações. As cerimônias que rodeiam os sacramentos são mais belas do que os próprios sacramentos. Falam mais à nossa imaginação do que à nossa inteligência racional e aos nossos sentidos; e nesses sacramentos devemos chamar *realidades* àquilo que não aparece.

Trata-se, para o cristão, de compreender que o essencial é a ação de Deus, e não o que se explica ou se verifica. Cabe a Deus dar-nos os sinais que julgue necessários para terem poder sobre nós e para darmos o nosso concurso à sua obra em nós. Não nos cabe a nós

O silêncio de Deus

exigi-los ou queixar-nos de que são insuficientes os que nos concede. Se vivermos em profundidade, saberemos sempre o suficiente para cumprir a nossa missão. O que fazemos exatamente, qual o alcance dos nossos atos, o que representam, que papel desempenha cada um de nós no drama, que Nome será gravado na pedrinha branca que leremos com espanto quando chegarmos ao céu[32], são coisas que não sabemos. *Pai, perdoa-lhes porque não sabem o que fazem.* Os que crucificam Jesus sabem o suficiente para serem plenamente culpados e precisarem de perdão, e, contudo, o Senhor diz que eles não sabem *o que fazem*, qual a infinita repercussão do crime que cometem. Esta lei verifica-se tanto no bem como no mal, e a distinção faz-se na medida em que o coração se dá ou se fecha.

Quando a vida é dura, quando não a compreendemos, quando este mundo feroz e colérico nos traz angustiados, reconheçamos nisso a prova da esperança, redobremos de fidelidade. No desencadear do ódio esconde-se o amor divino, para sustentar com a sua força a nossa fidelidade. As almas de pouca fé que se queixam: — Não merecíamos isto; se houvesse Deus, Ele não consentiria uma coisa destas! — mostram que não compreenderam o cristianismo. Deus não nos vem prender aos bens da terra, sejam eles quais forem, por mais elevados que sejam. Vem, sim, despertar o desejo dos bens eternos que dorme no fundo das almas e de que as almas tomam consciência quando *se abrem.*

No fundo, este mistério de fé e de esperança, que é também o da majestade e eficácia divinas, é o *mistério de amor* que descobrimos em todas as cruzes. A aparição fulgurante de Deus impor-se-á no último dia, mas nessa altura só nos restará colher os frutos que tivermos preferido. Ainda não estão maduros. Chegou agora o momento de amadurecerem; é o tempo da escolha, e Deus não confunde os dados.

Pascal explicava, como jansenista, este modo tão oculto de Deus. Pensava que Deus deixava "a escuridão suficiente para cegar os condenados"[33]. Como se Deus predestinasse para o mal e nos empurrasse para ele! Que horrível doutrina! Pelo contrário, vê-se muito bem que a razão profunda do silêncio de Deus, como a de todas as cruzes, está no respeito que Deus tem por nós. Ele, que nos criou por generosidade, sabe que somos capazes de uma verdadeira *dádiva*. Vem pedir--nos o nosso amor; não o força. Quer um amor puro, oculto na noite. Fala apenas aos nossos corações, ao que eles têm de mais terno, de mais delicado, e — cuidado — ao que têm de mais facilmente comprometido pelas nossas asperezas e pelas do mundo. Vem até nós como uma criança.

Podíamos acrescentar que, se se esconde desta maneira, é por um ato de misericórdia. Tal como são os nossos corações, cúmplices do mundo, se conhecessem a missão que Cristo veio desempenhar, afastar-se-iam cheios de cólera. As exigências de Deus parecem insuportáveis. O progresso da manifestação divina, como se vê tão bem no Evangelho, é um progresso no caminho da Cruz. Pois o cristianismo não é apenas uma inversão, é um compromisso do convertido, ao avesso, no mundo.

O silêncio de Deus

A manifestação de Deus não é um espetáculo, a sua Palavra não é feita para agradar ao ouvido — *Ninguém fala como este homem!* —; não se lhe pedem luzes para satisfazer a curiosidade, pede-se ao seu Verbo que leve o aguilhão até às últimas articulações humanas. Ele poupa a nossa fraqueza. É maravilhosa a misericórdia dos sacramentos, os quais realizam em nós a sua obra de salvação de um modo tão imperceptível que, se a nossa cooperação com ela fosse proporcional, seria tão terrível em cada um de nós como o foi em Cristo.

A resposta do nosso silêncio

Mas Deus não nos salva sem nós. O seu amor criador quer que sejamos os autores das nossas vidas, e o seu maravilhoso arbítrio atiça a nossa liberdade, na medida em que somos movidos pela sua causalidade. É, pois, necessário que, devido à nossa fraqueza, Ele se manifeste em nós, mas não o fará de maneira tempestuosa, e sim na brisa imperceptível que convidava Elias a envolver--se no manto, e "pelas costas", como no caso de Moisés, *depois* de ter passado.

Só ouvimos Deus falar-nos pessoalmente na medida em que prestamos ouvidos à Palavra dirigida a todos os homens. O Senhor recusa-se a enviar um mensageiro ao irmão do rico epulão: *Se não ouvem Moisés e os profetas, também não acreditarão, ainda que algum dos mortos ressuscitasse*[34]. Calar-nos-emos, portanto, primeiro, perante a *indiscrição* com que desejamos inspirações interiores ou sinais exteriores. E guardaremos o grande silêncio da fé, que é um despertar em relação ao que Deus disse à sua Igreja.

O princípio do silêncio interior está, pois, na fé viva. Não devemos, na verdade, considerar o silêncio como uma pura e simples ausência de desordem na alma, mas como qualquer coisa de positivo, ou pelo menos, como válido espiritualmente pela atenção que a alma presta às realidades invisíveis, à assiduidade com que vive delas. É a orientação de todo o nosso ser para elas que faz calar as vozes dissonantes das paixões.

O justo viverá pela sua fidelidade. Se viver "desperto na sua fé", operar-se-á nele uma renúncia que tanto se pode chamar *silêncio* como *solidão* ou *vida oculta*. É uma purificação. É uma pacificação dos desejos. É uma delicadeza da alma, que expande o alcance das suas antenas espirituais. É uma densidade e variedade de silêncio para a qual concorrem todas as virtudes: a adoração, a caridade que procura o invisível Bem-Amado, a esperança, a penitência e a humildade.

A alma reconhece então as atenções de que a Providência cumula a sua vida. A convicção íntima que tem da Palavra de Deus e o sentido muito obscuro, mas seguríssimo, que tem dos mistérios divinos, fazem-na ultrapassar a necessidade de uma resposta. Ela sofre com o silêncio de Deus porque o ama e porque a sua vida depende dEle. Sofre e, contudo, não sente a necessidade de uma resposta. E nesse silêncio perfeitamente casto, Deus não lhe havia de falar?

Resignação

— Não podemos continuar a resignar-nos! Fomo-nos conservando passivos por longo tempo perante os males contra os quais, em nome de Cristo, nos deviam ter instigado a revoltar-nos. Há certas injustiças sociais de que os nossos sacerdotes parecem tornar-se cúmplices. Quando os nossos pais, timidamente, se queixavam, os homens de Deus só sabiam recomendar-lhes, com muitos suspiros: "Mais resignação cristã!" Certos triunfos escandalosos dos violentos, sofro-os, mas não me resigno a eles — quer seja eu ou não a sua vítima. Quanto mais amo a Deus, mais fome e sede tenho de justiça, e portanto mais clamo por vingança. Devo ser forte no bem, e a resignação aniquilar-me-ia. Na verdade, é em vão que procuro esse termo no Evangelho.

— Reconheço que há nestas queixas alguma verdade, e contudo elas repugnam ao meu instinto. Uma água secreta em mim, uma água que murmura: *Vem para o Pai!*, convence-me de que a piedosa, a doce resignação é um dos maiores valores cristãos, um dos que mais precisam de ser protegidos contra as reações excessivamente humanas.

Quando Pascal, na noite para sempre memorável de 23 de novembro de 1654, escrevia: "Resignação total e doce", sentimos que tocava num ponto que devia ser fundamental para as nossas vidas, ponto que não é carência ou fraqueza, pois encontramos nele o maná escondido, e nele estamos mais dependentes de Deus. Queixas como as que mencionava acima não nos impedem porventura de lá entrar? A indignação, de resto, deve ser-nos sempre suspeita, principalmente quando se assemelha aos nossos despeitos temporais...

Conseguirei resolver com justiça este conflito que me divide?

* * *

O problema procede de que a resignação pode ter origem em duas fontes opostas. O termo é equívoco.

Se nos agarrarmos estritamente ao seu significado, não lhe encontraremos nenhum valor espiritual; o termo é bastante vazio. Não que signifique apenas suportar; pelo contrário, implica uma reação da alma: uma aceitação. E isto sente-se, por exemplo, neste verso de Vítor Hugo: *E o meu coração submete-se, mas não se resigna*, em que o poeta quer precisamente dizer que ainda não conseguiu *aceitar* a sua prova; verga-se passivamente sob o seu peso, como um país vencido que, imóvel sob a violência, nem por isso consente em ser esmagado.

Contudo, a resignação é o tema de uma acanhada filosofia, e sem dúvida da mais desesperada. Quando abro o dicionário, só encontro textos que ilustram esta resposta com o *fatum*. É de Voltaire uma frase que escreveu numa carta a Richelieu: "É preciso contar com tudo nesta vida... e resignar-nos à fatalidade cega que dispõe as coisas neste mundo". Ainda de Voltaire, em outra carta, desta vez a M.me du Deffant: "Faço votos pelos meus benfeitores, eu que nunca rezo a Deus e

Resignação

me contento com a resignação". E mais uma vez de Voltaire, agora no verbete "Oração" do *Dicionário filosófico*: "Rezemos com o povo e resignemo-nos com os sábios".

A resignação é, portanto, — quando mal entendida — a sabedoria que não confia em Deus como num Pai a quem se suplica, e que se curva ao destino cego. Pode ser de inspiração epicurista ou estoica, mas supõe sempre um mundo fechado à Providência amorosa de Deus, uma alma fechada a toda a esperança.

Este caráter aparece de uma maneira viva quando comparamos a *resignação* com o *abandono*. Duas palavras de origem jurídica: resigna-se a funções, benefícios, direitos, como se abandonam coisas. Mas que diferença, quando ambos os termos passam para a linguagem corrente e refletimos sobre eles! "Resignamo-nos" a um *mal* inevitável, mas é a *alguém*, e a alguém que amamos, que nos "abandonamos".

A outra fonte dessa distinção é nada menos do que o Evangelho. A palavra não está lá, é certo, mas está o ato prático. Os "mansos" que o Senhor proclama bem-aventurados (Mt 5, 4), sabe-o o exegeta, é a velha massa dos *anawin*, isto é, dos submissos, dos pobres que toda a gente pisa[1]. Depois de lhes ter prometido o reino dos céus na primeira bem-aventurança, o Senhor considera-os sob este aspecto preciso: não se refere apenas aos que não possuem os bens deste mundo, mas àqueles que são espoliados sem se defenderem; e é por isso que, renovando a sua promessa de uma compensação, repete os próprios termos do salmo: eles *possuirão* a terra.

Esta bem-aventurança põe, portanto, em relevo o paradoxo da primeira. O Senhor precisa-a um pouco mais adiante, exortando-nos a não resistir ao mal: *Se alguém te ferir na tua face direita, apresenta-lhe também a outra; e ao que quiser chamar-te a juízo e tirar-te a túnica, cede-lhe também a capa; e se alguém te obrigar a dar mil passos, vai com ele outros dois mil* (Mt 5, 39-41). E o Senhor confirma esta lição pelo seu próprio sangue, quando cumpre a profecia de Isaías (53, 7): *Foi oferecido em sacrifício porque ele mesmo quis. Como uma ovelha que é levada ao matadouro, e como um cordeiro diante daquele que o tosquia, guardou silêncio e nem sequer abriu a boca.*

Escutemos com espírito evangélico estas grandes realidades do Evangelho. O sangue do Cordeiro transforma em *abandono* o que à primeira vista parece ser apenas *resignação ao mal*. Pois é evidente que o Senhor não louva a simples submissão, mas a mansidão na submissão.

De onde vem ela? Como é possível deixarmo-nos despojar sem amargura? Como é possível que nos tornemos mais mansos à medida que a dor aumenta? Para isso, será preciso nada menos do que a ação do próprio Espírito de Jesus que habita no fundo da alma, fazendo-a reconhecer nos padecimentos a amorosa vontade do Pai celeste. Cabe-nos reconhecê-la, não de uma maneira teórica, mas com aquela convicção íntima que semeia a mansidão na nossa alma ferida pelos golpes da sorte, ferida pelos golpes dos homens cuja malícia nos indigna. Por mais que procuremos, não encontraremos qualquer princípio desta alquimia que não se reconduza a esse espírito filial para com o Pai dos céus.

Resignação e resistência

Mas quem é animado desse espírito é-o também de uma santa paixão pelos direitos do Pai celeste. Quanto mais nos abandonamos à vontade do Pai, que quer que sejamos experimentados, menos nos resignamos à injustiça que comete um filho de Deus que ofende o seu Pai quando nos faz sofrer. A única nascente capaz de derramar doçura não pode deixar de fazer brotar da mesma fonte o amor pelas almas que se perdem quando nos oprimem com o horror do pecado que cometem contra nós. Portanto, quando compreendemos em profundidade o que no Evangelho parece ser inicialmente apenas resignação, sentimos que ela é muito mais complexa na sua simplicidade: em relação ao mal, é o contrário da resignação: é um filial abandono *ativo* à vontade de Deus.

Cabe-nos, porém, velar para que a paixão pela justiça não comprometa a piedade sobrenatural. É aqui que está o nó secreto do debate. Teoricamente, é fácil de desatar: a piedade é uma justiça superior; deve inspirar a ação do cristão e fazê-lo lutar pelo restabelecimento de toda a ordem autêntica nas coisas do mundo. Simplesmente, acontece que o nosso amor-próprio torna essa harmonia muito difícil, já que geralmente eu só combato as injustiças se elas me fazem sofrer pessoalmente ou se as suas causas me atingem humanamente.

Por isso não devo apenas estar prevenido contra um zelo que corre o risco de ser egoísta sob a aparência de piedade, como também, quando defender os meus direitos, assegurar-me primeiro de que o que está em jogo é o interesse superior da justiça. Se me surgir alguma dúvida de que é disso que se trata, devo optar pela abstenção, ou seja resignar-me. Sofrer simplesmente um mal que Deus permite vale mais, principalmente se sou eu que sofro, do que cometer outro. Somos feitos de tal maneira que o tolstoísmo ou o gandhismo* são menos para recear do que o apetite de vingança ou de reivindicação.

Por outro lado, é quase escusado dizer que, nos casos em que devo resistir ao mal, não respondo à injúria segundo o espírito natural de talião — a parte do Sermão da Montanha a que nos referimos é dirigida precisamente contra o espírito de talião. Dá-se em mim um desdobramento. Resigno-me, não ao mal da injustiça nem à desordem que ela causa, como disse, mas à cruz que se abate sobre mim, e com uma resignação pura e simples, absoluta. E depois, ponderadas as coisas, desligando-me do meu interesse graças a essa mesma resignação, bato-me pela justiça, por ela, não por mim. Quem vir nisto uma sutileza não compreende nada das realidades da alma, num caso em que o contraste é tão violento. Quem pensar que nenhuma alma é capaz de renunciar neste ponto a si própria sem hipocrisia, ao mesmo tempo que luta pela justiça, é demasiado pessimista.

Em certos dias, quando olhamos para a complicação das coisas humanas, não é verdade que somos tentados a perguntar se não será também por causa dela que

---

* Por gandhismo e tolstoísmo, o autor quer dar a entender doutrinas mais ou menos inspiradas na vida e no pensamento do escritor russo Leon Tolstoi (1828-1910) e do líder indiano Mahatma Gandhi (1869-1948) que enfatizam a resistência passiva (ou seja, a resignação) a toda a forma de violência.

o Senhor prega a resignação? Neste terreno, as coisas estão de tal maneira enredadas umas nas outras que a resistência ao mal, por mais piedosa que pareça, pode desencadear males mais horríveis do que aquele a que se opõe. Este pensamento lança-nos numa angústia que inspira as mais abomináveis desistências. Tenhamos cautela, pois pode chegar um momento em que não sejamos capazes de deter os estragos da resignação conformista. Enquanto formos o justo perseguido, ocuparemos um lugar na vanguarda dessa atitude; mas se não for esse o caso e cedermos, poderá a retaguarda resistir? E até que ponto o mal não ganhará com isso?

Estes pensamentos antagônicos podem lançar-nos numa resignação que seria pura passividade. O critério seguro para sair do impasse é um só: *agir como filhos do Pai*. Então saberemos com consciência segura em que situações se impõe não nos conformarmos e sair em defesa da honra e dos interesses de Deus, isto é, combater.

São de tal ordem os males desencadeados no mundo pela perversidade humana, que a nossa paz será inconsciente e falsa se toda a nossa vida não se tornar um sacrifício que seja uma reparação que satisfaça a justiça divina.

Para este combate, se for o caso, não contamos apenas com as nossas energias. No caso das forças puramente naturais, contamos com o vigor físico de que dispomos e com as qualidades psíquicas[2] cujo exercício produz em nós uma euforia otimista que nos abre créditos seguros. Mas a mola da força da alma é a segurança que lhe dá a graça, principalmente nos momentos em que o Espírito Santo a faz sentir que o poder de Cristo habita nela, segundo a expressão de São Paulo[3], ou, segundo a entusiástica fórmula de São Tomás, ainda jovem[4], quando essa alma pode "empregar a força divina como sua".

Sob estas diferentes inspirações, a segurança que faz a nossa força está na linha da esperança. Conta com o sucesso. Não pode deixar-se enfraquecer pela simples hipótese de um fracasso. Recusa-se antecipadamente à resignação.

A força que nós queremos é a da nossa alma, o seu princípio deve estar no nosso espírito, e, para que ela se harmonize com a justiça, a sua primeira qualidade deve ser a juventude de espírito. A esta luz, o herói de espírito jovem sente crescer a sua segurança à medida que verifica pela experiência como o seu juízo, a sua firmeza e o seu amor a deixam imune aos ataques do mundo.

É por isso que a adversidade lhe é salutar: liberta a sua energia propriamente espiritual daqueles condicionalismos inferiores a que os golpes da sorte o obrigariam a resignar-se; e fá-lo sentir que, se não desse o seu consentimento viril ao espírito de luta, a prova não o tornaria mais forte. O herói cristão — isto é, o santo — verifica que a força sobrenatural se completa na fraqueza das coisas transitórias; a força divina alcança nele o seu maior esplendor no preciso momento em que a sua fraqueza o deixa humanamente mais desprotegido[5].

Esse homem não opta por uma resignação sistemática, porque isso seria tentar a Deus, mas luta vigorosamente contra o que a Providência permite — como Jacó em luta com o Anjo do Senhor —, e consente voluntariamente em perder no seu ser transitório o que aumenta

Resignação

o seu ser eterno — até à perfeita aceitação do martírio, em que no aniquilamento total se revela aquela força invencível que o faz triunfar do mundo*.

Estas observações sobre a segurança íntima precisam uma característica que distingue a boa resignação daquela outra que levaria à apatia.

A característica é que a boa resignação não procede de uma repugnância pela vida nem consiste num aniquilamento do desejo. Muitos cristãos concebem assim a renúncia. Um vago budismo tolda-lhes a vida espiritual. Não compreendem que Cristo traz a vida, a mais abundante das vidas[6]; parecem julgar que Ele nos liberta dos males insensibilizando-nos para o sofrimento, eliminando o querer-viver infinito, quando, pelo contrário, o que faz é firmar esse querer-viver, prometendo-lhe uma beatitude que saciará todo o desejo. A concepção niilista é a mais anti-cristã possível.

Temos de convencer-nos de que Cristo não veio abolir, mas completar. A resignação desempenha certamente um papel essencial, na medida em que é essencial à natureza humana ferida que a sua restauração e a sua exaltação se façam pelo sacrifício. Mas esse papel abre-se para a última etapa, a glória. "Morrer para viver!" é a divisa cristã.

A fome de beatitude que inspira toda a conduta cristã anima os atos da virtude da fortaleza — resistir e atacar — no combate da existência ao encontro da vida eterna. O espírito de resignação, longe de estar em primeiro lugar e de comprometer esses atos, só se

---

* "Quando já não se vir sequer o meu corpo, então serei um verdadeiro discípulo de Jesus Cristo" (Santo Inácio de Antioquia, *Aos Romanos*).

manifesta quando não é possível resistir e atacar. Essa mesma fome de beatitude impede a resignação de ser pura passividade ou muito simplesmente um consentimento prestado ao mal e à morte. A energia de uma alma cheia de vitalidade não abdica nem se entrega de mãos atadas à resignação. Antes pelo contrário, eleva-se e ganha forças para a luta precisamente porque encontra a paz na vontade do Deus que dá a vida mesmo pela morte.

Será ainda possível a alegria?

Não é possível dominar a alegria

Sofremos. No entanto, a oração litúrgica convida-nos à alegria. O grande Sol de Deus ilumina-nos segundo o ciclo em que o sol se levanta e se põe, quaisquer que possam ser as nossas dores ou alegrias. *Laetare, gaudete, alleluia* — eis o seu canto. E esse Sol não duvida de que nós lhe havemos de responder com um canto sincero. Que golpe contra as nossas angústias este convite à alegria divina!

Alegra-te, Jerusalém, e rejubilai todos vós, os que a amais! Estremecei de alegria com ela! Será isso possível, Senhor? Tu nos pedes a mais pura das alegrias, esse júbilo, *laetitia*, que se desprende de uma alma que se pôs a voar, como as cotovias que se lançam com gorjeios de alegria para o alto do céu de primavera, azul e sem nuvens. Pedes-nos que cantemos o júbilo do *alleluia*, pois sabes muito bem que esse júbilo consiste nas gotas de alegria dos bem-aventurados que caem sobre a nossa terra. Os nossos corações estão demasiado contraídos, e, se cantamos só com os lábios, não podemos abrir-nos a esse orvalho divino que nos queimaria como gás sulfúrico.

Mas não é possível ter domínio sobre a alegria. *Laetare, Jerusalem! Alleluia!* Alegra-te, ó alma triste! Que irrisão! Como posso fingir — responde ela — aquilo que só pode ser um impulso, se esse impulso me falta?

Não há dúvida de que, com as forças que tenho, posso sofrer, e, como sei que a natureza humana é elástica, conheço as energias que ela própria tem escondidas; posso aguentar com brio as penas de cada dia. Mas não, é claro, com alegria! Posso também representar durante algum tempo o papel de uma pessoa que derrama alegria. Mas seria uma impostura. Quando as misérias próprias e alheias nos assaltam, nada podemos fazer para evitar as suas dolorosas consequências; se não temos o direito de manter-nos insensíveis, como poderá alegrar-se uma alma que está cheia de amargura? A alegria é o testemunho de uma vida que brota de um autêntico e perfeito acordo consigo mesma. A minha vida está ferida e pedem-me alegria? Semelhante mentira é a mais impossível de todas.

— Tens razão, não se manda na alegria.

Mas há alegrias verdadeiras e alegrias falsas. São "falsas alegrias" os prazeres que apenas agradam à nossa sensualidade ou à nossa vaidade. São alegrias falsas, pois favorecem as tendências centrífugas que nos desagregam; em vez de irem ao encontro da nossa felicidade, operam contra a melhor parte do nosso ser; decepcionam-nos, porque contrariam o anseio pela unidade, pelo equilíbrio e até por uma plenitude infinita. É o que se passa sobretudo com as exaltações do orgulho, que provocam também uma "falsa" alegria porque, na autossatisfação das boas qualidades pessoais, endurecem um coração feito para se abrir aos bens verdadeiros.

Uma alma reta nunca enveredará por aí, porque é profunda e simples. É a essas almas que se dirigem os convites da Escritura: *Alegrai-vos, repito-vos, alegrai-vos*

Será ainda possível a alegria?

sempre... Rejubilai... Essas almas sabem por experiência que a alegria é o sentimento da gratuidade da vida, que não se consegue artificialmente e só se possui desfrutando do dom de *viver*.

Somos tentados a procurar a "falsa alegria" de três maneiras.

Em teoria, poderíamos em primeiro lugar procurá-la diretamente. Mas a falar verdade, se refletirmos bem, veremos como essa expressão "procurar diretamente a alegria" é totalmente desprovida de sentido. Como infelizmente estou influenciado por muitas especulações em matéria espiritual, tenho de prevenir-me contra os enganos do psitacismo* a que nos habituaram os autores insensatos.

Em segundo lugar, é interessante verificar que não alcançamos a alegria entregando-nos às suas manifestações externas como se elas a pudessem provocar. Assim como, infelizmente, há quem julgue que se chega à fé molhando os dedos na água benta e fazendo genuflexões, há quem pense que, comportando-nos como se possuíssemos a alegria, acabaríamos finalmente por alcançá-la. Não demoraríamos a acordar desiludidos, mais amargos e vazios do que antes dessa sinistra comédia; ela só iludiu um ou outro observador superficial.

Finalmente, quando se compreende que a alegria é uma consciência espontânea da vida, arriscamo-nos a pedi-la a essa vida que a suscita. E estaria certo, se nos ocupássemos a viver no sentido pleno da palavra. Mas quando vivemos *para* a alegria, quando contamos

---

* Psitacismo é a repetição maquinal de palavras, na escrita ou na fala, sem a consciência do seu real significado.

antecipadamente com ela, quando os olhos da alma se enviesam para ela, também não demoramos a sentir-nos frustrados!

A alegria, neste mundo, deve ser contada nesse *acréscimo* que o Senhor prometeu a quem procurasse o reino e a sua justiça, pois ela não é nem essa justiça nem esse reino. Compreende muitas coisas — incluindo o que é mais necessário à conquista do reino — como por uma sobrenatural aplicação da grande lei que observamos na natureza, segundo a qual a vida cria os seus próprios meios de subsistência, de êxito, de progresso. Por maioria de razão, tudo quanto não constitui nenhum instrumento necessário, mas é antes simples brilho, perfume, deixa de ser acréscimo para adquirir um caráter absoluto: é o que se passa também com a beleza e a paz.

Uma vez que a alegria é consciência de vida e que Cristo é a verdadeira fonte de vida em nós, o segredo da alegria cristã está evidentemente na nossa união consciente com o Senhor. É necessária uma consciência afetuosa, a mais atual possível — ou seja, a mais verdadeira possível — de Cristo, objeto e finalidade do amor que deve arrebatar o nosso viver, pois Ele é a fonte desse amor e, como *consequência*, da alegria.

Digo "a mais verdadeira" num sentido preciso: é necessário que conheçamos Cristo, nosso amigo, tal como Ele é, e que cada um de nós o conheça pessoalmente. O ritualismo convencional é o grande inimigo da alegria, porque o é também da vida. Quando o que nos domina é a afeição pelo Senhor, todos os métodos e práticas de piedade são bons. Mas se os reduzimos à sua materialidade, são nocivos. Na medida em que as práticas religiosas nos polarizam a atenção ou a adormecem, mas não a concentram no objeto do seu amor, a vida de Cristo hiberna, como as árvores durante o inverno.

Diz-se muitas vezes que não está nas nossas mãos amar ou não amar; isto é perfeitamente exato quando se quer dizer que um simples movimento deliberado da vontade só pode conseguir uma caricatura do amor. Mas não é disso que se trata. O amor é mais profundo do que o movimento voluntário; a vontade não tem poder sobre ele, salvo o de desembaraçá-lo daquilo que o impedia de nascer e pôr e manter a alma em presença do seu objeto. Com a nossa alma nua na presença de Deus — a nossa alma tal como é quando entra em si, na sua cândida verdade, diante de Deus tal como é, unicamente Amor —, o nosso amor não pode deixar de se avivar. A nossa alma deixa-se atrair para Deus, para Cristo, em quem Deus se nos quis tornar sensível, tal como o metal é atraído pelo ímã.

Ou como a criança é atraída pelo abraço do pai. O cristão está coberto de "mimos" de Deus seu Pai. São mimos e carícias que se consubstanciam em quatro maravilhosos princípios: a nossa própria natureza humana, a graça batismal, a graça santificante e as graças atuais. Infelizmente, o homem pode torná-los inoperantes pelo mau uso da sua liberdade, isto é, apartando-se desses dons e preferindo fazer dos seus dias uma triste comédia, um arremedo da verdadeira vida, divertindo-se com toda a espécie de papéis no seu teatro de fantoches. Com isso, o que faz é esquecer a criança que somos no fundo — que chora no escuro, por baixo dessas máscaras —, e deixar de ver Cristo, porque só a criança o pode ver.

Mas estejamos tranquilos! Nem a experiência da nossa idade, nem a nossa dolorosa história de "representações", nem os nossos conhecimentos técnicos de homens hábeis, podem abafar em nós essa criança. Temos de reencontrar nela a candura do coração, do coração nobre, do coração sensível, a candura que está sempre pronta a reviver num olhar novamente *simples*. Se a alma se dispuser então a buscar Cristo, no Evangelho, na oração, nos sacramentos e numa conduta reta, é impossível que não se dê a atração magnética. É impossível que a vida nova não se renove. Há de fundir-se em folhas, flores e cantos de avezinhas.

Psicologia da alegria cristã no sofrimento

"Na alma em estado de graça — dizia o Cura d' Ars —, é sempre primavera". É uma comparação mais exata do que se pensa, pois não evoca apenas essa subida de seiva que não cessa de fazer reviver tudo, mas evoca também o tempo geralmente rabugento que nunca se decide a instalar-se no azul, absorvendo o homem em tarefas ingratas que o esgotam e lhe adiam o repouso na glória do verão. As primaveras dos nossos climas e da nossa época são mais deliciosas na esperança e na recordação do que na sua realidade presente. Quase todos nós as atravessamos ocupados no trabalho, sem fruirmos delas. Mas nem por isso o seu encanto é menos vivo ou menos atraente. Neste mundo, por mais adultos que sejamos, nós, os cristãos, estamos sempre em primavera. Não lhe peçamos a felicidade do eterno verão.

Mas cautela: é essa primavera permanente que desejamos com o nome de alegria, mas ela não pertence a este mundo. Os sofrimentos tornam-na impossível, e nada nesta terra no-la poderá garantir. Os sofrimentos contrariam e diminuem a vida natural e é por isso que enfraquecem as alegrias naturais e podem mesmo suprimi-las. Mas passam evidentemente a ser proveitosas para a alegria se atearem a vida da graça e a consciência dessa vida.

Pesemos atentamente estas palavras. Não gosto de ficar nos princípios, porque são o terreno em que se instalam muitos teóricos. Longe de nos satisfazerem, devem convidar-nos à reflexão. De que vale saber as condições da alegria sobrenatural, se não soubermos como é que essas condições se realizam?

O regime da prova, regime normal da vida cristã

Na sua história, a humanidade foi mimada por longos períodos de conforto, que pareciam consolidar e aumentar as alegrias humanas. Mas, a par delas, sempre houve no horizonte nuvens sombrias que anunciavam um futuro — e mesmo um presente — de sofrimentos que desorientavam muitas almas.

As primeiras gerações cristãs, cuja alegria era tão luminosa, viveram em épocas tão cruéis como a nossa. Nem os vícios do mundo antigo, quando era próspero, nem as perseguições com que afligiu os cristãos, nem a sua derrocada, nem os costumes dos tempos bárbaros, nem os da Idade Média, nem a peste, a fome e a guerra, nada disso foi fácil. Não houve um único século em que as almas sobrenaturalmente atentas não pudessem reconhecer, como São Vicente Ferrer, os sinais anunciadores do último dia.

Mas naquele contexto de luzes e sombras, de mais luzes que sombras, a alegria alimentava-se tranquilamente das alegrias do mundo. E a piedade parecia reservada aos parvos e aos corações pusilânimes. Deixou-se numa sombra respeitosa as grandes realidades que os autores piedosos e os pregadores não se inibiam de recordar: o inferno, o pecado original, essa radical e proliferante corrupção em que nos é tão fácil envolver-nos e deixar-nos envolver. Esqueceu-se o santo temor de Deus, esqueceu-se a doutrina do Corpo místico, esqueceu-se que esse Corpo nasceu na Cruz e só se desenvolve segundo as leis da Cruz. Não se ofereceu o coração, tanto quanto era necessário, às chagas do Crucificado.

Por isso em breve as sombras se avolumaram. Fizeram esmorecer o entusiasmo e as alegrias excessivamente fáceis, que inventavam sistemas para troçar do desapego às "criaturas" e banir essa perspectiva com um azedo despeito. Paz às suas cinzas, e paz ainda aos sobreviventes dessa espécie estúpida.

Hoje, a evidência do ferro, do fogo, do sangue, dos ódios, dos egoísmos baixos e — por que não dizê-lo? — do medo, repõe com salutar violência o cristão na única perspectiva em que pode ser ele mesmo: a que vai do escândalo da Cruz ao Juízo Final. É aí, só aí, que podemos falar de alegria, nessa senda estreita que a equipe dilacerada dos santos abre através da selva deste mundo.

Que ninguém tente evadir-se

Mas que ninguém tente evadir-se deste mundo! Isto é muitíssimo importante, pois, por menos experiência da vida divina que se tenha, essa experiência, que é libertadora, que é alegria, tem como característica dominante fugir da espantosa heterogeneidade de tudo o que é mundo: convida-nos a refugiar-nos numa vida puramente interior.

Não há dúvida de que a vida cristã exige sempre o recolhimento. Em certos casos, deve ir ao ponto de cortar com muitas atividades supérfluas a que se entrega o comum dos mortais. Mas distingamos entre esse recolhimento e a evasão contra a qual há que lutar. O melhor caminho para compreender essa diferença é ver que se trata da distinção que o Senhor fez depois da Ultima Ceia, ao afirmar que Ele e os seus *não eram* deste mundo, mas *estavam* neste mundo.

Ora, a Cruz é o que explica a diferença: é o embate que se produz, na alma unida a Cristo, entre a graça que não é deste mundo e as forças de corrupção que vivem no mundo e nele reinam. Só temos uma vida, que está encarnada nas realidades do mundo, que só se pode desenvolver nelas, e o recolhimento cristão, longe de se opor à vigilante atenção sobre as realidades em que a vida se estrutura, inclui, pelo contrário, e exige mesmo essa atenção.

A vida contemplativa mais depurada é a de uma alma que se faz solidária da humanidade militante. Mais do que nenhuma outra, está dependente da condição humana e da sua miséria. Só o juízo apressado do mundo é que impede de ver que o "puro contemplativo" se empenha numa atividade combativa, propriamente terrena, e que esta ação é necessária para o dispor à contemplação, e é por assim dizer a sua base.

O contemplativo não é um misantropo que foge para o deserto para se ver livre dos homens; não é o sonhador, hoje tão frequente — raça odiosa, ou antes pobre vítima —, que se consola com quimeras, porque a realidade o machuca; o verdadeiro contemplativo é aquele que — no fragor da vida diária — transforma os seus afazeres terrenos em oração e em obras de serviço aos outros.

Resumindo: o reino dos céus — a vida contemplativa — começa neste mundo, no meio deste mundo. Está para cada alma na parte deste mundo que a Providência lhe marcou como campo de ação, o que é o mesmo que dizer que está necessariamente sob o peso exato da cruz que a Providência lhe destinou. Largar ou pousar a cruz no chão, seja como for, com o pretexto de que é feita com a madeira deste mundo perverso, é fechar a entrada desse reino ou, pelo menos, estreitar o seu espaço.

Parece que no Oriente, principalmente depois do Cisma, se pensou que a purificação divina fazia regressar a alma contemplativa ao estado anterior ao pecado, a uma espécie de antecipação da glória futura. Julgou-se, portanto, que no ponto mais alto da vida espiritual reinava uma alegria que nenhuma tristeza poderia ensombrar, por já nada haver na alma que pudesse originar essa tristeza[1].

Os que assim pensavam contentaram-se com palavras. Esqueceram-se do estado de miséria que fez gemer, sem exagero, os maiores santos, tanto por compaixão como por experiência pessoal. Quiseram imitar os anjos, ou antes a alma desencarnada, que não dá importância à missão que deve desempenhar no mundo, mas esqueceram que a adesão do mundo ao Ressuscitado tem de ser necessariamente uma adesão ao Crucificado. Quando o Deus da glória assume a nossa miséria, só pode ser o Varão das Dores; quando, por sua vez, a nossa natureza miserável participa da sua divindade, não pode, na medida em que dela participa, deixar de ser dilacerada pela mesma espada — a espada de dois gumes do Verbo.

O princípio oculto da alegria no sofrimento

Eis-nos num dilema. Depois de termos compreendido que não se pode de maneira nenhuma dominar a alegria, acabamos de recusar a fuga para um plano diferente do mundo, em que a vida se libertasse da miséria e alcançasse a alegria absoluta. Resta-nos, como único recurso, ver como a alegria se pode adaptar ao sofrimento. Teremos mesmo de ir mais longe, pois o Senhor nos garante que as penas deste mundo devem transformar-se para nós numa alegria que ninguém nos possa arrebatar[2].

Quanto mais avançamos na vida, isto é quanto mais sofremos e vemos sofrer, mais nos impressiona o pequeno número dos que se beneficiam com o sofrimento, o pouco proveito espiritual que o próprio paciente parece tirar dele. É nesta mesma linha que está a solução do nosso problema. Por um lado, o efeito desastroso do sofrimento na maior parte dos casos, e, por outro, uma alegria que, sob a influência da dor, devia atear--se, têm certamente a mesma causa. Mas como é que se resolve semelhante antinomia entre o mal que faz sofrer e o bem espiritual que dele resulta e que torna salutar o sofrimento? Seremos nós capazes de descobrir o ponto exato em que a graça nos toca para provocar essa alquimia — à qual, na maioria dos casos, não nos sabemos prestar?

O certo é que já pudemos abordar este ponto quando descrevemos a abertura e a transfiguração de que o sofrimento devia ser pelo menos a ocasião[3]. O sofrimento sem a graça, vimos já no princípio do nosso estudo, exaspera o amor-próprio, fazendo-o encerrar-se deses- peradamente na parte de nós mesmos que é atingida. A graça divina, pelo contrário, aviva o nosso desejo de felicidade na sua tendência para o infinito. O sofrimento, atacando o que é transitório em nós, ajuda a graça nesta abertura para o bem eterno.

Julgo compreender agora o que durante tanto tempo me intrigou: por que São Tomás, sem se explicar, nega pura e simplesmente que a alegria possa estar mesclada de tristeza; isto espanta-nos, precisamente por ser a conclusão do próprio artigo em que o Aquinate mostra quais as "santas tristezas" que são inseparáveis da vida de caridade.

Se o sofrimento nos atinge nos nossos bens mais desejados, por mais invadidos que estejamos por ele, a nossa luz e o nosso fervor penetram com a sua virtude esse terrível caos. A maior das coragens pode ser um dia esmagada, e as nossas forças psíquicas, como as físicas,

Será ainda possível a alegria?

são limitadas. As desgraças do mundo fizeram cair o cálamo das mãos de São Jerônimo, forçaram São Gregório a interromper as suas homilias sobre Ezequiel; mas se o espírito conserva a retidão do seu juízo, se o amor não abdica, pairará como que um deslumbramento por cima da tempestade que entenebrece e aflige as almas.

A conquista da nossa personalidade, os seres que mais amamos, as causas que consideramos mais sagradas, nada do que pertence a este mundo está livre de ser um dia aniquilado, mas também não há nada que possa destruir em nós o poder de projetar, por cima dos nossos escombros e sobre todas as coisas, a luz do nosso espírito, o fervor do nosso amor, porque incidem sobre coisas mais altas do que as que estão ao nível da terra.

Como não nos vemos a nós próprios no nosso fundo eterno, nem vemos Deus, mas sim essas ruínas, pode parecer que mais nenhuma alegria nos resta. Mas é precisamente nessas circunstâncias que o poder radical da graça se manifesta. E não o faz simplesmente à maneira da seiva que faz surgir as vergônteas de um tronco, pois pode ser que todo o seu fruto seja um silvado. Mas temos a obscura e infalível certeza de que nos tornamos já, embora de uma maneira invisível, uma árvore mais maravilhosa para as aves do céu, para o grande sol do paraíso, do que a árvore que acaba de ser cortada! Digo "para essas aves, para esse sol", porque o que restava de *amor-próprio* se fundiu num *amor de si* que tem a sua origem em Deus e se manifesta no amor aos outros, e que se conforma com a ordem em que estamos inseridos e se harmoniza com ela em vez de nos deter em nós mesmos.

Foi ultrapassada a contradição que há pouco formulávamos de ver o sofrimento "atear a vida espiritual e a consciência dessa vida". Pois observando as coisas pelo lado pior, no caso das terríveis agonias em que só se tem a consciência de um desastre — penso no aniquilamento de uma nação —, já não nos resta a mínima consciência de alegria da vida segundo a experiência comum, mas pode haver uma coisa ainda melhor do que essa: o sentido, que ultrapassa todos os sentimentos, da nossa vida inexpugnável. Inexpugnável porque o seu princípio não é só o poder tenaz, tão belo já no animal, de recomeçar, de tornar a partir, de reconstruir, mas o de o fazer regular-se por um ideal mais puro, infinito — o de trabalhar para a eternidade quando tudo acaba para nós.

Como dizíamos atrás, o Novo Testamento atribui a alegria à fé e à esperança, mas a uma fé e uma esperança vivificadas pelo amor. Nunca é demais repetir que a nossa fé e a nossa esperança quase não merecem esse nome — ficam "informes" —, se não têm por raiz o amor de Deus,: a fé é uma convicção, mas o que é uma convicção que não se apodera do coração para o oferecer ao objeto dessa mesma convicção? E o que é uma esperança que não ousa esperar realmente no seu objeto porque não o ama? A vida de fé e de esperança é, portanto, obra do amor. Por outras palavras, é na medida em que o amor as vivifica, que a fé e a esperança provocam a alegria. É por isso que os autores do Novo Testamento, e particularmente São Paulo e São Lucas, atribuem a alegria ao Espírito Santo[4], e São Tomás a estuda, juntamente com a paz e a santa tristeza, como um efeito próprio da caridade. A alegria é o sentido íntimo da vida, e a vida da nossa alma é a caridade que o Espírito de Jesus infunde nela.

É verdade que o amor corre o risco de se comprazer em si próprio, em vez de se entregar ao seu objeto. Isto é contra a lei do amor, mas a experiência prova que é assim que muitas almas o compreendem.

Todas as alegrias humanas correm esse risco: são consciência de vida, sem dúvida, mas à maneira da alegria que sente o corredor e que é a consciência de que corre; e precisamente enquanto corre está demasiado ocupado com esse exercício para reparar na alegre exaltação que se vai apoderando do seu ser e que experimentará no fim. O mesmo acontece com a alegria do cristão: não se dá conta dela, sofre provações, preocupa-se em agir segundo a vontade de Deus, procura Deus, com aridez talvez, e eis que um dia lhe agradecem ter vivido sempre na alegria, e reconhece nuns olhos e na qualidade de uma afeição o reflexo da sua alegria. Que surpresa! Quando morre, ou a partir do momento em que venceu uma etapa da sua vida, compreende subitamente que está em plena primavera.

Esta doutrina sobre a alegria que a Escritura e a tradição cristã nos ensinam e que a experiência comprova, oferece um equilíbrio e uma plenitude cujo sentido a maior parte dos nossos contemporâneos perdeu. O equilíbrio está em que se sacrifica uma pretensão insensata de alegria sensível em benefício de uma alegria de espírito que não é passageira. O que queremos dizer é que, por um lado, devemos procurar a alegria pela sua causa, Deus, e não por ela própria, e ainda procurar Deus pelo próprio Deus, não pela alegria que nos faz sentir; e, por outro, que a alegria é o estado normal do cristão, mesmo nos desgostos — em certo sentido, principalmente nos desgostos. Por que isto? Porque, ao contrário dos sofrimentos encarados na sua vertente puramente humana, a compreensão cristã do sofrimento já é participar de certo modo, enquanto se sofre, da alegria de Deus.

A plenitude está na alegria fundamental, suprema, toda espiritual, portanto extraordinariamente débil segundo a consciência comum, mas soberana, inalterável, que forma como que a base ou o *clima habitual* da vida cristã, porque essa vida é a das virtudes teologais. Deve-se mesmo acrescentar que, por mais *acima* [que esteja] *de todo o entendimento*[5], como diz São Paulo referindo-se à paz, ela brilha normalmente em toda a espécie de alegrias, mesmo as sensíveis. Converte as alegrias na alegria. Essa única alegria, causa de todas as alegrias, brota em atos sucessivos, que acompanham quaisquer situações.

É certo que — como observa São Tomás — "a dor física sensível torna *insensível* a alegria da virtude"[6], mas compreendamos essa palavra "insensível" no seu sentido próprio, que não é incompatível com uma percepção de ordem espiritual. São Tomás acrescenta, aliás com muita justiça, que mesmo na dor física a alegria pode continuar a brilhar até nos sentidos, por uma abundância da graça divina. A doutrina tradicional apresenta sempre como normal aquilo a que São Tomás chama "redundância" sobre a própria sensibilidade da alegria teologal. É um dos sentidos que dá à palavra "fervor". *O coração e a carne exultam no Deus vivo*[7]. Por mais frequentes que possam ser a aridez e os estados a que os modernos chamam "desolação", não os encaramos como fonte de um estado de tristeza.

Seguindo a linha de alguns teóricos exagerados do puro amor, há quem dê secas reguadas nos dedos de Pascal, culpando-o por ter escrito, na sua *Oração para pedir a Deus o bom uso das doenças*: "Não peço que me seja dada uma plenitude de consolação sem nenhum sofrimento, porque isso é a vida da glória. Também não peço para viver numa plenitude de males sem consolação, porque isso é um estado de judaísmo. Mas peço, Senhor, para sentir ao mesmo tempo as dores da natureza por causa dos meus pecados, e as consolações do vosso Espírito por causa da vossa graça, pois esse é o verdadeiro estado do cristianismo".

Acusam Pascal de "deformar a tradição ascética e mística cristã", de fazer um "singular pedido, que ficaria melhor numa casa de câmbios do que num oratório". Mas a crítica seria válida se o pensador considerasse essas "consolações" como sensíveis. Quem quer que leia com espírito desarmado o Novo Testamento[8], ou viva segundo a liturgia, acaba por formular uma prece como a de Pascal.

A vida cristã, crucificada segundo a natureza — isto é, até às últimas profundidades da alma —, é *alegria e paz no Espírito Santo*. É esse o testemunho dos santos. E é esse o objetivo da nossa oração, pois essa participação íntima na luz, na energia e no fervor divinos, para a qual infelizmente só temos o termo incolor de "consolação", é uma pura graça que o Espírito só concede à oração.

Dá-se, pois, uma coexistência da tristeza e da alegria. As cruzes têm as suas tristezas segundo a natureza, que a caridade absorve na "tristeza segundo Deus" — a tristeza, no fundo, de que o Amor não seja amado (pelos outros e por nós). E essa tristeza segundo Deus, que é ela senão o avesso da alegria voltada para nós? A alegria divina, é, por natureza, sem sombras, mas nós choramos neste mundo porque não saímos das sombras. Inversamente, a paixão é para nós, como para Cristo, a "paixão bem-aventurada", a fonte das bem-aventuranças[9]. Somos em tudo filhos dAquela que na própria dor era a *Causa da nossa alegria*.

Não se trata de salvar a nossa vida, mas de perdê-la[10]. As nossas vidas são sepultadas de uma vez para sempre no novo sepulcro. Estão perdidas, é certo, e nós só pedimos ao mundo que no-las faça perder cada dia que passa. A nossa única preocupação é seguir os caminhos do Senhor. Ele ressuscitou! Ele é um princípio vivificante! A alegria a que nos convida, longe de ser indiferente às penas que nos impõe, está, pelo contrário, intimamente vinculada a elas, pois a Igreja, para nos fazer entrar nela, para no-la fazer conceber e exprimir, vai buscar as palavras dos profetas da dor e as exortações dos apóstolos, as mesmas que sustentam os mártires nos seus combates.

Como é nostálgico o júbilo do *Alleluia*! Não há nenhuma melodia gregoriana que não se possa cantar sobre umas ruínas. Por ter aceitado que a prova fizesse cair todas as suas encenações e fingimentos, a alma cristã encontrou de novo a sua infância. E avança até um ponto secreto, livre de todo o perigo, em que, crucificada neste mundo, acorda pela sua fé em Cristo glorioso. Desse ponto brotam a sua luz e o seu fervor. E ela canta nos caminhos do Senhor. Não quer senão santas subidas, aspira a viver na casa do Senhor todos os dias da sua vida, e essa aspiração constrói nela a morada definitiva com os restos das moradas provisórias. *Ao passar por um árido vale* — diz o Salmista —, *ela convertê-lo-á em fecundo manancial*"[11].

Notas

Do sofrimento à Cruz

[1] Mt 16, 23; Jo 11, 33; Mt 26, 37.

[2] Lc 22, 44.

[3] Rom 8, 18.

[4] 2 Cor 4, 8-10.

[5] 2 Cor 11, 23-29.

[6] Sobre este assunto, encontram-se testemunhos admiráveis reunidos na coletânea *Dialogues avec la souffrance*, Edit. Spes s. d., particularmente os de Charles du Bos, pp. 33-34, 36, 39 e 44; de Gabriel Marcel, p. 89; de J. Malegue, pp. 101-102.

[7] "Puro amor", teocentrismo e antropocentrismo, preconceito da autonegação..., quantos pseudo-problemas não nascem desta lacuna!

[8] Algumas observações interessantes em Max Scheler, *Le sens de la souffrance*, Aubier, 1936, pp. 55-57.

[9] *L'Apel de la route*, in fine.

[10] Cf. mais adiante, no cap. 3, a explicação que a fé dá a este respeito.

[11] "Os convidados à atenção", na coletânea *Dialogues avec la souffrance*, p. 194, ou, em Paul Claudel, *Position et propositions*, vol. III.

[12] Carta publicada por *La vie spirituelle* [Lyon], 1 de maio de 1942, p. 426.

A Cruz de Cristo

[1] Trento 1, 12.

[2] Jo 3, 11-12.

A Cruz de Cristo e a nossa

[3] Jo 11, 33.

[4] Jo, 12, 27-28.

[5] Lc 22, 42 (Mt 26, 39; Mc 16, 36).

[6] Lc 22, 43

[7] Mc 14, 33.

[8] Sobre este fenômeno, como sobre os outros sofrimentos da Paixão, ver o estudo do Dr. Pierre Barbet, "La passion corporelle de Jésus".

[9] 2 Sam 24, 14.

[10] Hb 10, 31.

[11] Lc 19, 41.

[12] Salm 22 (Vulg. 21).

[13] Ep 2, 4.

[14] Cit. Démaret, *Marie, de qui est né Jésus*, vol. I, p. 179.

[15] Mt 2, 13.

[16] Bernard, *Le mystère de Marie*, Desclée de Brouwer, 1933, pp. 199-200.

As dimensões da Cruz

[1] Col 2, 9.

[2] Hb 13, 8.

[3] Is 12, 3.

[4] Ef 1, 18.

[5] Em *La grande pitié des églises de France*.

[6] Lc 8, 1-10.

[7] *Suma Teológica*, III Parte, 9. 48, a. I, e 9. 49, a. I. Cf. "O Corpo Místico é considerado como uma só e mesma pessoa com a sua cabeça, que é Cristo". (9. 49, a. I).

[8] Ef 1, 23.

[9] Col 1, 24.

[10] Mt 10, 30.

[11] At 3, 15.

[12] 2 Cor 50, 19.

[13] Rom 8, 29.

[14] Fil 3, 10.

[15] Ibid.

[16] Espero, se Deus me der vida, publicar brevemente uma obra sobre *O sentido do pecado*, que logicamente devia ter aparecido antes deste, que foi acabado primeiro: vivemos numa época em que não estamos seguros do dia de amanhã. Por isso tenho de apresentar aqui em traços largos uma ideia do pecado, que exigiria muitas outras observações.

[17] Rom 7, 14.

[18] Cf. os textos citados por Jean Rivière, *Le dogme de la rédemption. Étude théologique*, pp. 228-238.

[19] Mt 28, 23-35.

[20] *Spiritu principali confirma me* (no *Miserere*).

[21] *Libertas a coactione*.

A cruz do cristão

[1] *Comm. sup. Mat.*, cap. 31, n. 7, citado por São Tomás, 3a Parte, q. 21, a. 4.

[2] Gal 4, 3.

[3] A. Villequier.

[4] Expressão de Santo Agostinho, que São Tomás aceita (assim Parte 3, q. 4, a. 6, ad 1).

[5] 1 Jo 2, 4.

[6] Prov 24, 16.

[7] Mt 5, 45.

[8] *De Civitate Dei*, livro I, cap. 7.

[9] Ezeq 33, 2.

[10] Jo 2, 25.

[11] Gal 2, 20.

[12] 2 Tim 2, 11-12.

[13] 2 Cor 4, 10-12.

[14] *Serm. 9 de Quadragesima*, PL 54, col. 295.

[15] Rom 8, 17.

[16] Filip 3, 10.

[17] Jo 15, 20.

[18] Filip 3, 10.

[19] Lc 6, 25.

[20] Mt 6, 2.

[21] Mt 25, 12.

[22] *Comm. in Hebr.* 12, 1e. 2. Há neste texto uma alusão a *In labore hominum non sunt et cum hominibus non flagellabuntur*, do Salmo 73 (Vulg. 72). Cf. Is 54, 9; Ezeq 16, 42.

[23] Mt 5, 4.

[24] A expressão é de Sertillanges.

[25] Filip 1, 29.

[26] Hb 12, 1.

[27] Carta já citada do Pe. Falaize em *La vie spirituelle* (Lyon), maio 1942, p. 424.

[28] 1 Cor 9, 27.

[29] Gal 5, 24.

[30] Rom 12, 1; Ef 5, 2.

[31] Is 53.

[32] Buzy, exegeta de São Paulo, fê-lo notar em *La vie spirituelle*, Lyon, 1 de Março de 1942, pp. 277-287.

[33] Col 1, 24.

[34] Ef 1, 23.

[35] Jo 13, 34; 15, 12.

[36] 2 Cor 4, 12.

[37] 2 Tim 2, 10.

[38] 1 Cor 3, 9.

[39] Jo 15, 12.

[40] Gal 6, 2.

[41] *Bloud et Gay*, 1939, pp. 209-210.

[42] Ibid., p. 214.

[43] 1 Cor 6, 20.

[44] 1 Cor 1, 24.

A fé e os sacramentos da fé

[1] Jo 15, 5.

[2] Rom 6, 3.

[3] Fil 2, 10.

[4] *In Rom.*, 6, 5.

[5] *Contra gentiles*, I, livr. 4, cap. 72.

[6] Gal 2, 19.

[7] Ef 4, 22; Col 3, 9.

[8] Gal 5, 24.

[9] Jo 16, 33.

[10] Ef 5, 32.

[11] Sobre este tema, cf. o livro *Por que confessar-se*, de Rafael Stanziona de Moraes, 4ª. ed., Quadrante, São Paulo, 2004.

[12] Hb 12, 1.

[13] 1 Cor 2, 2.

[14] Mt 5, 8.

[15] É tratado em todo o Antigo Testamento, particularmente nos Salmos. No Evangelho é também *o olho são*: Mt 6, 22.

[16] "Carta a um cristão sobre a cruz", *La vie spirituelle*, Set., 1936, p. 152.

[17] Mt 6, 3.

[18] *Chama viva de amor*, 2ª estrofe.

[19] Gál 2, 20.

[20] *Chama viva de amor*.

[21] Filip 1, 23.

[22] 2 Cor 12, 9.

[23] *Ibid.*

[24] 2 Cor 12, 10.

[25] Ef 2, 10.

[26] 1 Cor 10, 13.

[27] 2 Tim 4, 7.

[28] Lc 20, 19.

[29] V. Hugueny, *Introdução aos Sermões de Tauler*, Ed. du Cerf., vol. 1.

[30] Rom 8, 28.

[31] Lc 24, 32.

[32] Gal 2, 20.

[33] Sal. 116 (Vulg. 117), 13.

[34] Fil 3, 9-11.

[35] Fil 1, 23.

[36] 2 Tim 1, 12.

[37] *Tende em vós os sentimentos de Jesus Cristo* (Fil 2, 5).

[38] *Crucifixi fige plagas / Cordi meo valide* (Hino *Stabat*).

[39] Rom 8, 16.

[40] 2 Esdr 8, 10.

[41] 1 Cor 1, 24.

[42] Ef 2, 4.

[43] Mt 5, 10.

[44] At 5, 41.

[45] Rom 8, 35-37.

O silêncio de Deus

[1] Sal 44, 24.

[2] Is, 63, 19; 64, 2.

[3] Sof 1, 12.

[4] Malaq 2, 17.

[5] A atitude é descrita com uma satisfação terrível por Groethuysen, no "Bayle" do *Quadro da literatura francesa de Corneille a Chénier*, NRF, 1939.

[6] Hab 2, 4.

[7] Hb 11, 6.

[8] Êx 3.

[9] *Le Judaïme.*

[10] Cf. Gilson, *L'esprit de la philosophie médiévale*, vol. 1.

[11] Êx 33, 7 e segs.

[12] Êx 33, 12.

[13] Êx 33, 14.

[14] Êx 33, 20-23.

[15] 1 Re 19, 11-13.

[16] Is 45, 15.

[17] Is 1, 3.

[18] Jer 8, 7.

[19] Is 29, 16; 45, 8-12, 13; Ecl. 33, 13, 14; Gen 2, 7, 8; Jer 18; Rom 9, 19-24.

[20] *Le Judaïsme*, p. 384.

[21] *Ibid.*, p. 589.

[22] Jo 8, 43.

[23] Quando anunciou a Eucaristia, Jo, 6, 61-68.

[24] Sal 42, 51-52.

[25] Is 42, 2.

[26] Fins de outubro de 1656, *Pensées et opuscules*, Brunschwieg, p. 214.

[27] *Discours sur la vie cachée* (por volta de 1690), Ed. Urbain et Levesque das Obras oratórias, vol. 6, pp. 613-617.

[28] Mt 3, 13.

[29] Lagrange-Lavergne, *Synopse des quatre évangiles*, Gabalda, n. 19.

[30] Jo 2.

[31] Is 55, 8.

[32] Apoc 2, 17; cf. 21, 12.

[33] *Pensées*, Brunschwieg, n. 578; cf. n. 566.

[34] Lc 16, 31.

Resignação

[1] Efetivamente, Reuss traduz por "resignados". Lebreton, *La Vie et l'enseignement de Jesus-Christ Notre-Seigneur*, vol. 1, p. 384. Cf. Lemonnyer, "Le messianisme des beatitudes", *Rev. des Sciences, phil. et theol.*, 1922.

[2] O Pe. Noble enumera-as nas suas notas ao tratado *La force de la somme théologique*, trad. da Revue des Jeunes, Desclée, St. Jean-l'Evang., p. 285: coerência de representações, prontidão e clareza de raciocínio, energia voluntária.

[3] 2 Cor 12, 9.

[4] 3 Sent., dist. 34, q. 3, a. I, quest. 2. Ver a bela *Psychologie du don de force* que nos deu o Pe. Mennessier, *La vie spirituelle*, Supl., fev. 1934.

[5] *Quando estou fraco, então sou forte* (2 Cor 12, 10).

[6] Jo 10, 10.

Será ainda possível a alegria?

[1] Jo 17, 11-18.

[2] Cf. Lot-Borodine, "O mistério do dom das lágrimas no Oriente cristão". *La vie spirituelle*, Supl., setembro. de 1936.

[3] Jo 16, 20-21.

[4] 1 Tes 1, 6; Rom 14, 17; Lc 10, 21; At 12, 14.

[5] Fil 4, 7.

[6] II a, II ae, q. 123, a. 8.

[7] Sal 84 (Vulg. 83), 3.

[8] Ver estes textos reunidos sob o título: "A alegria no Novo Testamento", no número especial de vinte e cinco anos da *La vie spirituelle*, 1944, p. 469.

[9] Depois da consagração, *Unde et memores*.

[10] Jo 12, 25.

[11] Sal 84 (Vulg. 83), 7, segundo o hebreu. É a passagem que a Vulgata nos dá sob a forma: *in loco quem posuit*, o que nos privou de um sentido magnífico e dos comentários que os Padres teriam feito se a tivessem conhecido.

Direção geral
Renata Ferlin Sugai

Direção editorial
Hugo Langone

Produção editorial
Juliana Amato
Gabriela Haeitmann
Ronaldo Vasconcelos
Roberto Martins

Capa
Provazi Design

Diagramação
Sérgio Ramalho

ESTE LIVRO ACABOU DE SE IMPRIMIR
A 19 DE MARÇO DE 2024,
EM PAPEL PÓLEN NATURAL 70 g/m².